财务会计管理与审计应用

刘　欣　齐　峰　杨宏权　著

中国原子能出版社

图书在版编目（CIP）数据

财务会计管理与审计应用 / 刘欣，齐峰，杨宏权著.
北京：中国原子能出版社，2024. 10. -- ISBN 978-7
-5221-3680-6

Ⅰ. F234.4；F239.41

中国国家版本馆 CIP 数据核字第 2024DU4448 号

财务会计管理与审计应用

出版发行	中国原子能出版社（北京市海淀区阜成路 43 号　100048）	
责任编辑	张　磊	
责任印制	赵　明	
印　　刷	北京厚诚则铭印刷科技有限公司	
经　　销	全国新华书店	
开　　本	787 mm×1092 mm　1/16	
印　　张	12	
字　　数	180 千字	
版　　次	2024 年 10 月第 1 版　2024 年 10 月第 1 次印刷	
书　　号	ISBN 978-7-5221-3680-6	**定　价　78.00 元**

前 言
Preface

　　财务会计管理是企业管理的核心，是通过会计信息系统对企业的财务活动进行记录、分类、汇总和报告，以支持企业的财务决策和管理控制。审计是指由专设的机关依照法律对国家各级政府及金融机构、企业事业组织的重大项目和财务收支进行事前和事后审查的独立性经济监督活动。内部审计是指组织内部的一种独立客观的监督和评价活动，它通过审查和评价经营活动及内部控制的适当性、合法性和有效性来促进组织目标的实现。内部审计的本质是确保受托责任履行的管理控制机制。我国政府审计增加了经济责任审计，突出表现在党政领导干部任期经济责任审计和国有企业及国有控股企业领导人员任期经济责任审计，把对事的审计转向对人的审计。审计组织为了达到特定目的所制定的行为规范，是人为制定的程序化、标准化的行为模式和运行方式，带有鲜明的强制性，具有基础性作用。内部审计工作规定、内部审计准则以及内部审计机构的各种工作制度、责任制度、行为规范制度、考评办法、质量管理制度等，都是制度文化的具体体现。在风险导向阶段，受托责任关系以及管理控制发生了一些变化，与风险结合，使风险导向的内部审计成为企业有效履行受托责任的能动管理控制机制。

　　本书聚焦于财务会计管理与审计应用，在内容编排上共设置五章，分别为：信息化时代财务管理基础、财务管理价值原理、事业单位财务会计基础、审计信息化的产生与模式分析、审计信息化建设。一方面，本书可帮助广大财会从业人员规范会计行为，提高会计信息质量，满足加强日常会计管理等方面的工作需要；另一方面，本书也可供财会管理相关专业的学生、老师，以及热爱财务会计与审计知识的社会人士参考。

笔者在撰写本书的过程中查阅了大量文献，在此向文献作者表示衷心感谢！由于时间有限以及新会计准则的逐步实施和完善，书中难免有不足之处，恳请读者朋友们批评指正。

目录
Contents

第一章

信息化时代财务管理基础

第一节　信息化时代概述

1967 年，一些学者提出了"信息化"的概念，认为信息化既是一个技术进步过程，又是一个社会变革过程，它既改变了生产组织体系、生产方式和社会经济结构，又推动了人类从工业社会向信息社会的动态迈进。这说明信息化推动了人类社会的全方位进步。正在全球开展的信息和信息技术革命正以前所未有的方式对社会变革的方向发挥决定作用，其结果必定导致信息社会在全球的实现。信息化时代即为在信息化的作用下开创发展的时代，这不仅体现了信息技术的蓬勃发展，而且体现了在人类社会进步的时代背景下，人们通过这项文明成果产生更多传递信息、获取资源、交流对话的诉求，它赋予了一定的时代特征。

信息化时代是一个外延极为宽泛的词汇，其包含信息、信息技术、信息化、科学、技术等范畴。我们必须对这些概念和范畴进行梳理，以利于更好地理解信息化时代的含义，有利于对信息化时代人的异化问题进行研究。

一、信息化时代的产生与形成

毫无疑问，人类是地球上唯一能够创造出灿烂文明的物种。但是，单纯从生物的角度来看，人类并没有什么出色的身体机能，甚至与很多其他的动物相比，人类处于劣势。例如，我们没有猎豹的速度、没有飞鸟的翅膀，也没有能在水下呼吸的鳃。然而，人类却拥有其他物种无法媲美的改造自然和认识自然的能力。这种能力的形成就在于，人类懂得了创造和使用工具来放大自己身体器官的机能，扭转在自然界中的劣势。正是人类对工具的创造与应用，才开启了人类与技术的历史。任何技术的产生，一定是为了满足人类在某一方面的需求。没有人类的需求，技术不可能被创造出来。与此同时，技术的创造与运用并不是一蹴而就的，它是在已有技术基础上改进和超越的结果，犹如古代人类想要翱翔蓝天，但受限于当时的技术水平，他们无论如何是不可能实现的。无论是一项技术还是一个技术时代，一定是在满足了人类的内在需求和相关技术支持的基础上，才有可能出现在人类历史的舞台上。也就是说，弄清楚信息化时代的形成，是对信息化时代进行全面客观研究的理论基础和逻辑前提。

（一）信息化时代形成的条件

1. 信息化时代形成的内在条件

其实，人类社会并不是发展到了今天才开始对信息和信息技术如此青睐。信息是人类认识自然和改造自然的媒介，是物质世界的反映，介于客观物质与主观意识之间。如果没有信息，人类就无法认识客观世界。人类对于信息的应用有着非常悠久的历史，其几乎是伴随人类而生的。同时，在人类的发展过程中，人类不断改进搜集、加工、储存、传递信息的手段，这也就拉开了人类对信息技术改造的序幕。信息技术是用于管理和处理信息所采用的各种技术的总称。"信息技术"可以从广义、中义、狭义三个层面来定义。

广义而言，信息技术是指能充分利用与扩展人类信息器官功能的各种方法、工具与技能的总和。该定义强调从哲学上阐述信息技术与人类本质的关系。

中义而言，信息技术是指对信息进行采集、传输、存储、加工、表达的各种技术的总和。该定义强调的是人们对信息技术功能与过程的一般理解。

狭义而言，信息技术是指利用计算机、网络、广播电视等各种硬件设备及软件工具与科学方法，对文图声像各种信息进行获取、加工、存储、传输与使用的技术总和。该定义强调的是信息技术的现代化与高科技含量。

信息技术是伴随人类社会进步而不断发展的，是人类社会认识外部世界的重要因素和必要条件。它是人类社会向前发展的内在需求，而且随着生产力的提高，这种需求必然更加强烈。

第二次技术革命以后，人类社会进入了电气化时代，生产力水平有了很大提高，同时交通工具也得到了改进。巨大的生产能力使得人类社会需要更多的原料产地和销售市场，这提高了对搜集和处理、传递信息的要求。成倍增长的货物和复杂的交通网络，使得人类社会不得不更多地考虑对于信息的管理与存储，这对当时已有的信息技术提出了挑战。同时，作为独立的个人来看，日新月异的外部世界提供了更加丰富的信息资源，显然也对个人应用信息的能力提出了更高的要求。也就是说，第二次技术革命以后，无论是个体还是人类社会，都对信息和信息技术提出了更高的要求。这种强烈的诉求逐渐成为信息化时代形成的内在原因。

2. 信息化时代形成的外在条件

人类对于信息资源的巨大需求，以及对信息技术改进的迫切愿望，构成了信息化时代形成的内在动力。具备了内在动力，只能代表满足了信息化时代形成的充分条件，而相关技术的突破和科学理论的提高，才是信息化时代形成的必要条件。人类社会在近现代经历的三次技术革命，正好为信息化时代的到来提供了技术和理论准备。第一次技术革命爆发于 18 世纪中叶，以纺织机械的改进为起点，以蒸汽机的发明与应用为标志，所以又被称为蒸汽动力革命。这次革命使得机械动力代替了人力和畜力，将原来的工场手工业过渡为大机械生产的工业技术体系，不仅改变了工业生产部门的面貌，而且也促进了科学和教育的发展。第二次技术革命爆发于 19 世纪中叶，以电力技术为主导，带动了化工、冶炼、交通、通信等多个领域的发展，因此人们也将第二次技术革命称为电力技术革命。正是因为电力技术在这次革命中得到了广泛应用，人类社会进入了电气化时代，众多的科学理论有了重大突破，如电磁理论、相对论、量子力学等，这些都为信息技术的革命提供了理论支持。与此同时，一大批发明与创新，如无线通信、化工合成技术等，为信息技术的革新提供了技术支持。人类历史上的第三次技术革命——信息技术革命，爆发于20世纪中叶，计算机技术的应用与发展使得这次技术革命有了改写历史的意义。首先，计算机的应用使得人类对信息的处理从人工化、机械化转变为智能化，大大提高了人类对信息资源的使用效率；其次，计算机技术与通信技术的结合，使得人类有了更加安全可靠的信息传输平台，颠覆了人类对信息资源及信息技术的传统观念。纵观这三次技术革命，它们都为信息化时代的形成提供了间接或直接的技术支持，构成了信息化时代形成的必要条件。

（二）信息化时代的形成过程

显然，信息化时代的开端是第三次技术革命。但是，第三次技术革命并不是信息化时代的全部，它只能说明信息化时代的形成有了可能的技术条件。一项技术的突破，何以冠以一个时代的名称，它又带给这个时代什么？对于这些问题的回答才是信息化时代形成的关键。

人类社会在经历了第一、二次技术革命之后，科学理论与技术之间的关系发生了改变。在第三次技术革命过程中，人类社会主要还是依靠工艺技术的积累，科学理论滞后于生产与技术的需求。第二次技术革命与第一次技术革命有所不同，技术的革新源于科学理论的指导，科学理论成为技术革新的先导，为其提供了巨大的支持。第三次技术革命的爆发以爆发间隔时间短、发展速度快、渗透性强等为特点，这些特点说明了在第三次技术革命过程中，科学与技术的关系变成了相互促进的关系。科学理论对人类社会的技术需求给予指导，而技术手段的改进又反过来推动着科学理论的不断进步。同时，信息技术的突破只是这次革命的先导，随着信息技术的广泛应用，它已经引起了社会各个方面，各个领域的深刻变革。其打破了人类已有的思维范式，技术的应用与革新不再限于小范围或纵向性的，它突破和改变的不再是旧有的相关技术和相关领域。这是因为信息技术的改变不仅使得人类社会掌握了更加高效的信息处理手段，也使得人类社会认识外部世界的媒介和方式发生了改变。正是这种改变，使得人类将新的信息技术应用到不同的社会领域之中；同时，这种应用也催生了各领域技术的革新，使整个人类社会进入了一场变革之中。这样看来，信息技术的应用带动的不仅是信息领域的一次飞跃，而是对人类社会各领域技术的集群化革命，是对人类社会的一场变革。

这一系列的变化过程被各国学者和政府称为信息化。《2006—2020年国家信息化发展战略》中对信息化的定义为：信息化是充分利用信息技术，开发利用信息资源，促进信息交流和知识共享，提高经济增长质量，推动经济社会发展转型的历史进程。其实不难看出，信息化事实上是指信息技术从技术革新到投入应用再到带动各领域技术革新的历史过程，它是信息技术革命与信息化时代的中间状态。信息化时代正是对人类社会信息化过程的反映。

二、信息化时代的含义及其特征

信息化时代的内涵和特征是对信息化时代的产生与形成进行的总结，是对信息时代内在属性的研究。对于信息化时代的含义及其特征的研究，是客观全面认识信息化时代的重要环节。

（一）信息化时代的含义

对于信息化时代的含义，学界并没有一个明确的定论。这一方面源于学者们对于信息化时代的研究有着不尽相同的视角和研究方法；另一方面则源于我们正处于信息化时代之中，而且信息化时代也在不断地变化发展，体现出新的特征。作者在综合前面对信息化时代研究的基础上认为，信息化时代是人类社会继农业化时代、工业化时代之后的又一次社会转型，与农业化时代和工业化时代不同的是，信息化时代是以信息技术为先导，带动其他各种高精尖技术的应用与研发的时代。值得注意的是，信息化时代的含义并不只是对某一技术或某几项技术应用与研发的描述，更多的是对这一阶段中人类社会各领域面对技术带来的变化时的集中反映。科学技术一直以来都是人类社会取得进步的重要因素，也在一定程度上改变着整个人类社会的环境，它的改进与应用直接深刻地影响着人类社会。我们对于信息化时代的理解不可能只停留在技术层面，而应该更多地对时代中人类的意识形态、社会环境进行了解。

综上所述，信息化时代的含义是：以信息技术的革命为先导，带动其他各项高新技术快速发展，并对人类社会产生深远影响的历史时期。信息化时代不仅是一个时间和空间的叠加，而是对于这一时期人类社会集体意识和社会形态的描述。

（二）信息化时代的特征

信息化时代的特征是区别于其他时代的标志，是对信息化时代含义的反映。对信息化时代特征的研究，也是对信息化时代发展规律的探究。

1. 智能化

这里的智能化主要是相对于工业化时代的机械化而言，其主要体现在两个方面：一方面是知识在整个人类社会活动中贡献比例和地位的变化；另一方面体现在技术工具或技术手段的智能化。前者主要是指知识在整个人类社会活动中所起的积极作用较之其他要素要大得多，其地位也重要得多；而对于技术工具或技术手段的智能化则主要是指在生产活动或社会管理活动中，自动化控制技术、计算机技术、互联网技术的应用与发展。

2. 电子化

电子化是指利用现代电子技术，以促进人类社会良性发展和人类生活水平不断提高为目的的历史进程。这里的电子技术一般分为两类：电力电子技术和信息电子技术。就现在人类社会所处的实际情况来看，这种技术主要是指信息电子技术，具体地说，就是指现代通信技术、计算机技术、网络技术等现代化高科技技术。

2021年2月，中国互联网络信息中心发布报告显示，截至2020年年底，我国网民规模达9.89亿；互联网普及率达70.4%。进入2021年以来，我国通信业经济市场呈现稳定态势，电信业务收入稳中有升。数据显示，2021年1～5月我国电信业务收入累计完成6 127亿元，同比增长6.7%；电信业务总量为6 578亿元，同比增长27.9%。2021年5月26日，2021中国国际大数据产业博览会在贵州省贵阳市开幕。会议中提到，我国大数据产业基础日益巩固，5G终端连接数超过了3.1亿，占全球比例超过了80%。

无论上述数据是对互联网技术的统计还是对现代通信技术的统计，我们都能看出，电子化已经成为信息化时代的一大特征。

3. 全球化

全球化的概念主要体现在地域和社会生活两个方面。从地域上来看，随着现代通信技术和交通工具的发展，地域之间的距离在不断缩短，人们足不出户就能通过视频见到千里之外的亲人。四通八达的交通网络把地球变成了地球村，并能使人们快速安全地迁徙到世界的任何角落。另一方面，人类的社会生活也在走向全球化，国与国之间、民族与民族之间，无论是经济合作还是文化交流与认同，都变成了一种常态，国家的概念和界限在许多人心目中变得不是那么清晰。大多数国家的政府也在积极地参与全球化的进程，这似乎变成了历史的一种潮流。

4. 非群体化

非群体化是指在信息化时代，个人可以在信息技术和其他智能技术的帮助下，完成以往需要群体参与才能完成的工作。例如，以往对于信息的接收和发送需要借助系统庞大的传统媒体，而现在个人可以利用互联网技术和智能移动设备对周围发生的事情进行实时报道，人们也可以个性化地选择接收自己关心的信息。同时，对于自己的观点也可以毫不隐讳地发布，而不用顾左右而言他。从生产方面来看，由于数控机床和自动化控制技术的发展与应用，以前需要集体完成的工作，现在只需要单人操作即可完成。

5. 技术与知识更新的快速化

在信息化时代，知识与技术的更新换代速度是非常快的。就连接网络的方式来看：2002 年，我国拨号上网计算机数为 1 200 万台，而在三年以后这一数据又发生了巨大的变化。据中国互联网络信息中心提供的数据显示，2005 年采用宽带上网的人数已经达到 6 430 万人，占当年网民总数的 57%，超过了采用拨号上网的网民数量。到 2012 年年底，中国互联网络信息中心发布的报告中已经没有对拨号上网的调查结果。另外数据显示，2007 年使用手机移动设备上网的网民仅 5 040 万人，2006 年中国互联网络信息中心的第 18 次调查报告中没有对手机网民的调查结果，而五年后使用手机移动设备上网的网民已经达到 41 997 万人，占网民总数的 74.5%，已经超过了使用计算机上网的网民数量。《2021 年 7 月 10 日中国移动互联网行业分析报告——市场现状与发展趋势分析》显示，近年来，我国移动互联网快速发展。我国移动互联网接入流量截至 2021 年 7 月 10 日为 553.9 亿 GB。随着移动互联网的普及，我国网民使用手机上网的比例也逐渐增多。截至 2021 年 7 月 10 日，我国网民使用手机上网的比例达 99.1%，较去年提升 0.5 个百分点。使用手机移动设备上网的网民，远远超过了使用计算机上网的网民数量。

总之，信息化时代的特征表明，信息化时代是一个以信息技术、互联网技术、自动化控制技术等高新技术为主导的时代，人类社会生活有了巨大的改变。

第二节　信息化时代企业财务会计及工作特点

一、企业成本结构发生变化

（一）传统生产制造企业的成本结构

企业总成本包括变动成本（变动费用）和固定成本（固定费用）两部分，而变动成本又包括直接材料费、销售费、变动人工费、研究开发费及其他费用等，固定成本又包括人工费、折旧费、辅助材料费、能源费（动力费）、修缮费、租赁费、管理费、办公费及其他费用。

应该说明的是，由于国家、制度和历史的原因，不同企业在成本结构的设计、科目的设置及定义上会有一定的差异，但并不影响成本分析和成本控制方法的共通性。

（二）互联网时代企业的成本结构

进入互联网时代，企业的经营方式发生了一定变化，成本结构也随之产生了一定改变。下面以电子商务营销的成本结构为例，介绍互联网时代企业的成本结构。

一般而言，企业的营销活动表现在两个方面：一是对内部的控制和管理，二是对外部市场和客户的宣传与服务。对开展电子商务营销来说，其成本结构可以从内部和外部两个方面进行分析。

1. 内部成本结构

电子商务营销能否有效实施，需要一些基本的硬件设施、管理软件和人力资源等，这些构成了企业开展电子商务营销的内部成本。

（1）硬件成本。电子商务营销离不开计算机、计算机网络和各种软件的支持。硬件设备的购置和安装费用，包括实施电子商务营销所必需的计算机辅助设备的购买开支及服务器、路由器和交换机等，都是企业开展电子商务必不可少的设备。由于这些设备的发展和更新换代十分迅速，因此硬件的投入和更新是一项经常性、长期性的投资项目。

（2）软件成本。软件成本包括系统软件部分和后期开发的应用系统的开发成本。在电子商务营销中，软件是企业成败的关键，网络硬件设备必须依靠软件开发才能发挥作用。软件开发费用包括管理软件开发费、独立域名的注册费、空间租用费和网页设计费等，这些都是企业必须投入的成本。由于软件的发展速度很快，生命周期较短，因此软件的应用成本相当昂贵。

（3）电子商务营销的运行费用。企业的电子商务网站建立后，需要及时更新网站上的信息，并对软硬件系统进行维护。企业信息技术部门需要倾注大量的精力提供系统维护、信息管理等服务，以确保对业务部门的技术支持，保证网络系统的可靠性、安全性和效益。

（4）人力资源成本。实施电子商务营销需要得到管理信息系统员的支持，同时也需要一批电子商务专业人才的参与和支持，这是电子商务营销成本的一部分，尤其是许多企业由于电子商务人才资源缺乏，就必须加强人力资源培训，这在无形中增加了员工的培训费用。大多数培训在电子商务营销实施前进行，另外还有对员工的在职培训，目的是让正在从事电子商务营销的员工进行进修和深造，以了解并学习新技术及有关标准方面的变化和进展。

2. 外部成本结构

（1）推广成本。电子商务营销推广的目的是提高企业网站或网页的访问量，以达到营销目标。基于这一前提，网站的经营者应该利用因特网的特性和自己对目标市场的准确定位，让更多的潜在客户关注该网站并成为购买者。其可采用的方法包括在主要搜索引擎注册、向行业网站请求链接及交换链接，以及在访问量较大的网站中做广告，也可以通过传统媒体，如电视、报刊和户外广告等来提高知名度。随着电子商务营销进入微利时代，往往是企业销售额虽不断攀升，但企业却始终难以盈利，其重要原因就是营销推广成本居高不下。

（2）物流配送成本。电子商务营销的最终目的是为电子商务交易的最终完成提供条件，只有通过配送，才能最终使物流活动得以实现，使得交易最终完成。企业在评测企业成本时仍然必须关注配送成本。配送是按用户的订货要求，在物流据点进行分货和配货工作，并将配好的货物送交收货人的活动，它是集流通加工、整理、拣选、分类、配货、装配和运送等活动于一体的增值服务。企业的电子商务营销应该选择合理的、有营利的配送体系，在满足特定的顾客服务水平与配送成本之间寻求平衡。

（3）售后服务成本。由于网络购物通过图片、文字等介绍商品，而非实物销售，因此消费者拿到手的商品和预期比较或多或少都会有差距；再加上一些企业之间残酷的竞争，纷纷承诺一定时间内无条件退、换货或其他售后服务，因此一般电子商务的售后服务成本比例远远高于传统零售企业。

以手机行业为例，相较其他手机企业，小米的销售费用仅占0.3%，而传统部分手机厂商销售费用甚至能高达20%，但小米在客户开发、研发人力等方面的投入远高于传统企业。这就是不同商业模式导致成本结构不同。渠道费用、库存高企等这些曾经看似理所当然的成本，由于都不是客户所关注和愿意承担的，因此将在互联网时代被颠覆。合理的成本结构是财务管理的重点工作。

二、运营成本降到最低

互联网时代的一个最大优势是其体现了边际成本递减原则，即网络用户资源越多，成本就越低。随着网络化程度的不断提高，互联网时代的企业财务会计作为云计算经济时代一个不可缺少的组成部分，也把这一特点发挥得淋漓尽致。随着互联网技术与手机客户端的结合，互联网企业价格优势和便利性凸显，互联网企业运营成本控制存在一定优势。

（1）互联网企业可以运用计算机将有效信息和资源整合，科学地提高管理效益和水平；同时，通过远程信息交流和沟通，大幅度节约了管理成本。

（2）运用互联网存储商品信息，建立库存系统，库存信息掌握准确。通过互联网向供应商订货，订货成本低，同时可获得最优折扣。利用互联网将采购、生产、销售等信息即时对接，有助于存货管理。在网上直接下单，完成交易迅速，减少程序，降低了采购成本。

（3）互联网企业信息传递便捷，能以低成本跨越时间和空间实现信息交换。企业运用网络优势进行直销，可以降低中间商利润分成。互联网企业相互合作，在网络平台上发布免费广告，降低了销售成本。

除此之外，企业并购时，互联网财务会计也可以有效降低企业的并购成本。

（1）凭借网络财务会计，企业财务部门可随时知晓并购对象及市场的信息，并根据新情况适时调整方案来反馈给决策者，还可借助互联网了解并购企业的业务伙伴与竞争对手信息，估算出其真正的价值，寻找合适的并购时机。

（2）降低谈判与交易成本。并购"战场"现在不仅已扩展到全国，全世界的并购热潮在网络财务的"助威"下也如火如荼地进行，以至于市场上经常出现许多"空中飞人"。网络财务可以帮助企业直接在网上与对手进行价格谈判，不仅省去路程时间，还会产生更高的效率。尤其对上市公司的并购而言，网络财务的适于证券市场网络交易系统的电子结算系统也使股票交易成本大大减少。

（3）互联网财务会计可以进行完善的数据分析和资本预算建模，使决策者只需点击鼠标，便能得到最优的方案。互联网财务会计使企业拥有最低的运营成本。互联网财务体系下，组织的所有信息系统不再是单独存在的，实现了企业信息的交互。财务数据能实时动态地反映组织的经营情况与经营成果，实现财务和业务的协同。互联网财务支持的协同，从内部使财务各部门的资金准备、预算控制、网上结算、网上支付等工作和业务部门工作能够同时进行，充分发挥了财务部门的反映和控制各类经济活动的职能；从外部使得企业可将处理得出的账簿报表及时推送到企业的门户网站或者送到有关部门，实现了电子询价、自主报税等工作，能够和其他工作同时完成。正是借助这种协同作用，使社会资源实现了最优化配置，将企业乃至全社会的运营成本降到了最低。

总之，互联网时代的企业财务会计能使企业降低运作成本，减少低效劳动，实现最大化的利润，同时优化了企业的财务状况，从而吸引着更多投资者与客户，使商业运营在激烈的市场体制竞争中占有优势。

三、企业财务弹性更强

财务弹性是指企业适应经济环境变化和利用投资机会的能力，具体是指公司动用闲置资金和剩余负债的能力、应对可能发生的或无法预见的紧急情况的能力，以及把握未来投资机会的能力，是公司筹资对内外环境的反应能力、适应程度及调整的余地。财务弹性的这种能力来源于现金流量和支付现金需求的比较。当企业的现金流量超过支付现金的需要，有剩余现金时，企业适应性就强。通常用经营现金流量与支付要求（投资需求或承诺支付等）进行比较来衡量企业的财务弹性。

在互联网时代，市场变化极其迅速，企业很容易被市场淘汰，因此企业必须以更快的速度应对市场变化，财务弹性要更强。随着以客户为主导的市场环境的确立，将导致市场环境发生显著的变化，企业更容易被模仿，导致创新更快，因此必须快速应对市场的变化。竞争节奏的加快也使产品/行业的生命周期明显呈现不断缩短的趋势，并且缩短速度还在不断加快。如果企业不能持续地实现战略性创新，那么就有可能经常性卷入同质性的竞争。

较强的财务弹性可以使企业在大目标不变的情况下，坚持做好产品创新，适应市场上不确定性很高的竞争。也就是说，财务管理要考虑到一些不确定性的状况，当调整出现时，要能及时根据这种变化进行资源调整。

第三节　信息化时代下企业经营环境

一般来说，企业外部环境可以概括为四类，即政治（Political）、经济（Economic）、社会（Social）和技术（Technological）。

一、政治环境

政治环境主要是指政治变革、国家法律、政府机构的政策法规及各种政治团体对企业活动采取的态度和行动，还包括一些重大的政治事件。政治环境的变化显著地影响着企业的经营行为和利益关系。一个国家或地区政治与社会稳定是大多数企业顺利进行经营活动的基本前提。

在全球新一轮科技革命和产业变革中，互联网与各领域的融合发展具有广阔前景和无限潜力，已成为不可阻挡的时代潮流，正对各国经济社会发展产生着战略性和全局性的影响。积极发挥我国互联网已经形成的比较优势，把握机遇，增强信心，加快推进"互联网＋"发展，有利于重塑创新体系、激发创新活力、培育新兴业态和创新公共服务模式，对打造大众创业、万众创新和增加公共产品、公共服务"双引擎"，主动适应和引领经济发展新常态，形成经济发展新动能，实现中国经济提质增效升级具有重要意义。

二、经济环境

经济环境主要指经济发展的规模与速度、人均国内生产总值、消费水平和趋势、金融状况及经济运行的平稳性和周期性波动等。与其他环境力量相比，经济环境对企业的经营活动有着更广泛、更直接的影响。

（一）经济发展速度

自改革开放以来，我国经济总体上保持高速发展，发生了历史性的深刻变化。与此同时，我国的综合国力显著增强，已连续 20 年成为世界上吸引外资最多的发展中国家，世界 500 家最大的跨国公司已有 400 多家来我国投资生产。这是我国企业发展的成果，也为企业进一步发展创造了更为有利的条件。

2021 年 1 月 18 日，国家统计局公布 2020 年国民经济运行"成绩单"。经初步核算，2020 年，我国国内生产总值达到 1 015 986 亿元，按可比价格计算，比上年增长 2.3%。一季度同比下降 6.8%，二季度由负转正、增长 3.2%，三季度增长 4.9%，四季度增长 6.5%，全年经济增长 2.3%。

规模以上工业增加值增长 7.1%，比上年同期高 1.1 个百分点。全国城镇新增就业 1 186 万人，超额完成全年目标任务。居民消费价格指数比上年上涨 2.5%，低于 3.5%左右的预期目标。2020 年社会消费品零售总额接近 40 万亿元，最终消费支出超过 55 万亿元，这将助推我国超大市场规模的优势进一步发挥。

2020 年我国的外贸进出口也比预期的要好，外贸的规模也进一步扩大了，2020 年的进出口总额达到了 321 557 亿元，进出口的贸易顺差达到了 37 096 亿元。也就是说，我国也是全世界唯一货物贸易正增长的主要经济体，是货物贸易第一大国，位置是十分牢固的。此外，2020 年城镇新增的就业人口达到了 1 186 万人，超额完成年初预期目标。2020 年年末全国城镇调查失业率为 5.2%，城镇登记失业率为 4.2%，均低于预期目标。全年居民消费价格平均上涨 2.5%，低于 3.5%左右的预期目标。生猪生产逐步恢复，年末存栏 40 650 万头，比 2019 年末增长 31%。兜底保障力度加大，全年全国居民人均转移净收入比上年名义增长 8.7%。

"十三五"时期，全国居民人均可支配收入年均名义增长 2 045 元，比"十二五"时期多增 156 元；5 575 万农村贫困人口实现脱贫，年均减贫 1 115 万人，全面建成小康社会取得伟大历史性成就。

（二）购买力

根据经济学原理，一个市场的形成不仅需要人口，而且需要社会购买力。一个有效的市场就是由一定的人口数量和社会购买力两个因素构成的。

随着我国经济体制改革的不断深入和市场体系的不断完善，以及中央政府宏观调控能力的增强，我国经济的运行会更加平稳。在未来几年内，只要政策对头，措施得力，我国经济增长和波动就可能维持在一个较好的轨迹上：一是由过去的"大起大落"和"大起缓落"将转变为现在的"缓起缓落"；二是由过去的"短起短落"和"短起长落"转变为现在的"长起短落"，经济波动上升期延长，回落期缩短。我国经济的持续增长和平稳运行将为企业带来更加宽松的发展环境。

此外，企业还应密切关注其他经济因素变化的影响，如利率、汇率、贸易政策等。人们对外国货币的需求是由于用它可以购买外国的商品和劳务，外国人需要其本国货币也是因为用它可以购买其国内的商品和劳务。本国货币与外国货币相交换，就等于本国与外国购买力相交换。用本国货币表示的外国货币的价格就是汇率，其取决于两种货币的购买力比例。由于购买力实际上是一般物价水平的倒数，因此两国之间的货币汇率可由两国物价水平之比表示。这就是购买力平价说。从表现形式上来看，购买力平价说有两种定义，即绝对购买力平价和相对购买力平价。

绝对购买力平价是指本国货币与外国货币之间的均衡汇率等于本国与外国货币购买力或物价水平之间的比例。绝对购买力平价认为，一国货币的价值及对它的需求是由单位货币在国内所能买到的商品和劳务的量决定的，即由它的购买力决定，因此两货币之间的汇率可以表示为两货币的购买力之比。购买力的大小是通过物价水平体现出来的。根据这一关系式，本国物价上涨将意味着本国货币相对外国货币贬值。

相对购买力平价弥补了绝对购买力平价的一些不足。其主要观点可以简单地表述为：两国货币的汇率水平将根据两国通胀率的差异而进行相应的调整。相对购买力平价表明两国间的相对通货膨胀决定两种货币间的均衡汇率。

2017 年 5 月以来，人民币汇率一直在升值，从 6.9 附近一路上涨，在岸人民币兑美元累计升值幅度达到 4.4%。2017 年 8 月 29 日，在岸、离岸人民币兑美元双双突破 6.60 关口，续刷 2016 年 6 月以来新高；人民币对美元汇率中间价为 6.629 3，且有进一步升值的势头。2020 年上半年，人民币汇率整体呈现宽幅震荡的走势。截至 2020 年 6 月 30 日，人民币兑美元收报 7.074 1，较 2019 年年末的 6.966 2 贬值 1.53%；CFETS 人民币汇率指数收报 92.05，较 2019 年年末的 91.39 升值 0.72%。整体来看，上半年人民币相对于美元贬值幅度有限，相对一篮子货币保持稳定，显示出较强韧性。中国金融期货交易所研究院首席经济学家赵庆明称，决定汇率的根本因素是看经济基本面，尤其是看汇率比价的两个国家之间基本面的相对情况。中国经济企稳回升势头明显，尽管美国经济处于复苏阶段，但其部分指标显得较为疲软，甚至后继无力。

我国居民可支配收入的增加也影响人们的购买力。国家统计局数据显示，2019 年全国居民人均可支配收入 30 733 元，比上年增长 8.9%，扣除价格因素，实际增长 5.8%。全国居民人均可支配收入中位数 26 523 元，增长 9.0%。按常住地分，城镇居民人均可支配收入 42 359 元，比上年增长 7.9%，扣除价格因素，实际增长 5.0%。城镇居民人均可支配收入中位数 39 244 元，增长 7.8%。农村居民人均可支配收入 16 021 元，比上年增长 9.6%，扣除价格因素，实际增长 6.2%。农村居民人均可支配收入中位数 14 389 元，增长 10.1%。按全国居民五等份收入分组，低收入组人均可支配收入 7 380 元，中间偏下收入组人均可支配收入 15 777 元，中间收入组人均可支配收入 25 035 元，中间偏上收入组人均可支配收入 39 230 元，高收入组人均可支配收入 76 401 元。全国农民工人均月收入 3 962 元，比上年增长 6.5%。

三、社会环境

社会环境既包括人口、物质条件和环境污染等显而易见的因素，也包括人们生活方式等难以确定的情况，它们对企业生产经营都会产生重要影响。

（一）人口

人口是企业管理人员非常感兴趣的社会环境因素之一，正是由人口构成了大多数产品消费市场。总人口、人口的地理分布和密度、家庭数量、年龄构成及人口增长率对企业的生产和销售都有显著影响。例如，过去一对夫妻通常生育多个孩子，实行计划生育政策后一对夫妻只能生育一个孩子，孩子人数减少了，但独生子女人均消费却高得多，因此对相关企业的市场营销触动较大。最近几年，国家又开放了二孩、三孩政策，家长对于孩子的消费也越来越多，这也进一步带动了相关市场的消费。

（二）物质条件

任何企业的生产经营活动都与一定的物质条件息息相关，因为无论制造哪种产品都需要原材料、能源和水资源等。随着工业生产活动范围的不断扩大，这些物质条件的作用也会增强。前些年人们对环境保护和治理工作意识比较淡薄，我国的生态环境遭受了很大程度的破坏；今后，管理者必须注意并加以预防物质条件的变化给企业生产经营带来的不利影响。

（三）生活方式

1. 平台经济

平台是互联网经济时代最重要的产业组织形式。平台型企业并不生产真正有形的产品，而是通过参与动态的价值网络，为客户提供一系列创新服务，收取恰当的费用或赚取差价获得收益。这种经营模式的最大特征是有效搭建双边或多边平台，通过这一平台来连接两类或更多类型的终端顾客，让他们进行交易或者信息交换。随着互联网的渗透和应用，平台企业演化出平台经济产业已是大势所趋。

2. 共享经济

"共享经济"这一理念最早由美国得克萨斯大学社会学教授马科斯·费尔逊（Marcus Felson）和伊利诺伊大学社会学教授琼·斯潘思（Joe Spaeth）在 1978 年发表的论文《群落结构和协同消费》（Community Structure and Collaborative Consumption：A Routine Activity Approach）中提出。在这一论文中，两位教授用"协同消费"描述了一种生活消费方式，其主要特点是个体通过一个第三方市场平台，实现点对点的直接商品与服务交换。在全球范围内，各种类型的共享经济模式快速发展，它们在创造一种新的经济模式的同时，也对传统经济模式提出了挑战。关于共享经济模式的讨论已不仅限于商业和经济范畴，同时也成为许多国家政府机构新政策制定所关注的议题。

3. 微经济

与其说微经济是一种经济模式，不如说其是一种在科技进步下的经济形态。微经济广义是指以最小化经营成本为目标的可以充分灵活安排产销量高低的微型企业及其生存体系；狭义则特指随着互联网的普及及网上交易平台的建立，通过网络和外包的物流系统接收小额高频订单和安排销售的网络商户。相比传统的经济产业模式，微经济不需要复杂的企业运行体系和频繁的商务人员往来，甚至不需要车间厂房。它可以理解为脱离组织生产所创造的经济，充分的灵活性使微经济基本没有传统意义上的进入壁垒，随着广大的微经济主体进入网络商户的范畴中，它就可以出现在我们身边。当在淘宝网等购物网站上用支付宝等网上交易体系购物时，我们就不知不觉地参与到了微经济中，与微经济主体及作为第三方平台的网络共同构建了一个完整的微经济链条。目前，这些网上小额交易已成为微经济的重要组成部分。微经济主要具有以下几个明显的特征：① 不需要过多的固定成本的投入；② 主要通过技术创新的方式降低自己的成本；③ 对市场的变化反应敏感，并能根据变化的市场需求迅速调整自己的产品类别。微经济有助于促进产品结构的快速优化，也正因为如此，其对风险的抵抗能力会更强。其优势在金融危机中得到了充分体现，金融危机对传统零售行业的打击很大，而网络销售额却持续上升，经济收益相当可观。微经济也并不是商业发展的终极模式。作为对传统经济模式的一种补充，微经济在一定程度上会刺激商业模式的不断改善，并且对经济社会的兼容性与适应性的提升也极为有益。但是，任何事物都有两面性，微经济在迅速成长的同时，也存在着一些明显的弊端。例如，正是由于企业规模微小及严格的成本控制，微经济主体往往不会主动进行大量的科技研发，也很少会生产、销售高附加值的产品。

4. 电子商务

截至 2020 年 6 月，我国网络购物用户规模达 7.49 亿，较 2020 年 3 月增长 3 912 万，占网民整体的 79.7%；手机网络购物用户规模达 7.47 亿，较 2020 年 3 月增长 3 947 万，占手机网民的 80.1%。研究发现，现今网络购物市场出现了新的特点：① 人们更注重购物的品质，愿意为了高品质商品支付更多的价钱，如购买有机生鲜、全球优质商品等；② 人们更关注智能产品，如智能扫地机器人、智能冰箱、智能洗衣机等商品销售量均有明显增长；③ 新产品消费迅猛，洗碗机、家用摄像头等新商品非常受现代人欢迎。农村电商的发展也带动了中国整体的网络购物消费。另外，随着"一带一路"的顺利实施，跨境电商也带动了海外消费的能力，使我国电子商务全球化的发展越来越快。国民人均收入提升、年轻群体成为网络消费主力等也是网络购物消费升级的重要因素。线上与线下融合更加紧密，不断向数据、技术、场景等领域深入扩展。电子商务企业正在进行全方位的探索，以期实现数据、供应链、支付、物流、门店、场景、产品等方面的整合互通和优势互补。伴随融合的不断深入，线上线下边界模糊化、零售业态碎片化、消费场景智能化的全新商业形态正在形成。以便利店为代表的线下零售业态成为市场布局热点，多家便利店企业获得巨额融资。数据也是网络购物竞争的热点，数据已经成为互联网时代商业竞争中企业重要的无形资产和制高点。如何获取数据及界限，以及如何构建开放、公平、安全的数据信息共享机制已成为政府和企业共同面对的问题。

四、技术环境

像经济环境一样，技术环境变化对企业的生产和销售活动有直接且重大的影响，尤其是在面临原料、能源严重短缺的今天，技术往往成为决定人类命运和社会进步的关键因素。同时，技术水平及其产业化程度高低也是衡量一个国家和地区综合实力和发展水平的重要标志。财务信息的处理依靠财务系统完成，而财务系统的特定目标和功能的实现要靠一定的会计数据处理技术的运用。随着科学技术的进步，特别是计算机的出现，促使会计数据处理技术不断发展变化，其经历了从手工处理到机械处理再到计算机处理的发展过程，因而财务系统也随之经历了从手工财务系统到机械化财务系统再到电算化财务系统的发展过程。

（一）电算化财务系统

电算化财务系统就是指以计算机为主的当代电子信息处理技术为基础，充分利用电子计算机快速、准确地处理数据的特性，用计算机代替手工进行会计数据处理并部分代替人脑运用财务信息进行分析、预测和决策等的财务信息系统。

20 世纪 70 年代末，我国财会工作者将计算机应用于会计工作，并由此提出了"会计电算化"这一具有中国特色的会计术语，其实质就是电算化财务系统。需要指出的是，当时的电算化财务系统仅仅只是将人、纸质凭证、算盘等构成手工财务系统的要素改变成了人、磁介质数据、计算机等，仅仅只是用计算机代替人脑的计算、存储，并没有突破财务部门内部的范围，没有实现与其他部门及企业的连接，还是一种封闭式的工作方式，信息孤岛问题较为突出。从 20 世纪 90 年代开始，一方面，计算机技术从单机逐渐向局域网及互联网方向发展；另一方面，企业已不再满足于电算化核算，而是希望进一步实现财务控制、管理和决策支持的计算机化，网络环境下的财务系统也因此应运而生。

（二）网络环境下的财务系统

网络环境下的财务系统是电算化财务系统的进一步发展，是基于电子商务背景，以网络计算技术为依托，集成先进管理思想和理念，以人为主导，充分利用计算机硬件、软件、网络基础设施和设备，进行经济业务数据的收集、传输、加工、存储、更新和维护，全面实现各项会计核算及财务管理职能的计算机系统。一方面，网络环境下的财务系统对外可安全、高效、便捷地实现电子货币支付、电子转账结算和与之相关的财务业务电子化，对内可有效地实施网络环境下的财务监控和管理系统；另一方面，网络环境下的财务系统是一个可对物流、资金流和信息流进行集成化管理的大型应用软件系统。

网络环境下的财务系统是一个人机系统，它不但需要硬件设备和软件的支持，还需要人按照一定的规程对数据进行各种操作。网络环境下的财务系统的构成要素与电算化财务系统相同，包括硬件、软件、人员、数据和规程，其只是在具体内容上更为丰富，具体如下：

1. 硬件

网络环境下的财务系统主要由服务器、工作站、移动终端及其他办公设备通过网络通信设备联网组成。

2. 软件

网络环境下的财务系统的硬件要发挥作用，必须有一套与硬件设备匹配的软件支持。网络环境下的财务系统的软件包括系统软件和应用软件。其中，系统软件是指管理、监控和维护计算机资源的软件，包括操作系统软件、通信软件、数据库管理软件和系统实用软件等；应用软件是指为了解决用户的实际问题而设计的软件，如通用网络环境下的财务会计软件和专用网络环境下的财务会计软件。

3. 人员

网络环境下的财务系统的核心人员包括两类：一类是系统开发人员，包括系统分析员、系统设计员、系统编程和测试人员等；另一类是系统的使用人员，包括系统管理员、系统维护人员及系统操作人员等。除此之外，向系统提供信息的各种人员，如供应商、客户、政府主管部门人员及分析师等也是网络环境下的财务系统不可缺少的运行要素。

4. 数据

网络环境下的财务系统的数据来自企业内、外部的多个渠道，包括外部环境数据，如宏观经济数据、消费者偏好数据等；外部交易数据，即企业与其他企业或个人发生的经济业务，如采购业务和销售业务；内部业务数据，如发放工资、产成品入库等；会计核算数据，如往来业务核算、成本核算、期间费用核算等。

5. 规程

网络环境下的财务系统的规程包括两大类：一类是政府的法令、条例等；另一类是维持系统正常运转所必需的各项规章制度，如岗位责任制度、操作管理制度、软硬件维护制度、安全保密制度等。

总之，对于绝大多数企业来说，注重技术环境的变化，接受和利用新技术，是认识环境、适应环境、实现可持续发展的必然要求。

第四节　信息化时代的财务管理发展

随着时代的发展和社会的进步，会计电算化的普及和应用已成为一种必然，使用电脑记账、复核、结账成为财务管理信息化的重要方面。在实现网络经济和电子商务的今天，信息化管理有助于更好地实现会计核算监督职能，高效地实现财务管理的目标，提升财务管理的科学性、有效性。

一、财务管理信息化的发展阶段

我国建立企业财务管理信息化经历了三个阶段：

第一，单机会计电算化软件的使用，是通过编写单机程序来实现会计记账、核算、制作会计报表和财务分析的计算机程序化管理。

第二，企业内部局域网建立，运用统一的网络财务软件，初步实现了企业的财务管理信息系统、生产信息系统、销售信息系统等各个系统的集成。

第三，企业内外流程一体化，该阶段真正实现了企业财务管理信息化，为企业决策者和相关利益方提供了很好的决策支持服务。它运用计算机局域网来完成财务系统与销售、供应、生产等系统的信息集成和数据共享，运用广域网和数据仓库技术，使集团公司内部之间以及与相关价值链主体之间能及时传递、整理、分析、反馈财务和管理信息。

二、财务管理信息化发展的问题及影响因素

企业的财务管理是指企业通过战略规划、执行预算、风险防控和绩效

评估等环节实现对自身财务资源的筹集、管理和使用，为企业利益最大化提供决策性财务信息的过程。财务管理信息化不再是传统模式下通过手工记账来记录企业的经营活动，也不仅是将信息技术运用在财务工作中，而是将信息技术与企业的财务活动和管理活动相融合，通过信息平台更高效地分析、处理数据，企业在短时间内便可获得所需的信息，从而增强企业的经济效益，实现战略目标。在基本的筹集、使用和管理资金的财务能力基础上，通过多渠道获得的财务信息，再基于各自的岗位责任结合组织能力、管理能力以及统计分析数据能力，为提供正确的数据基础进行预测，进而为企业管理者制定决策提供帮助。

（一）财务管理信息化工作存在的主要问题

1. 财务管理信息的安全性不够

因为财务管理信息化，所以大部分工作都直接运用计算机系统。网络时代对于信息安全的保护还不够全面，而相关的财务管理软件也不够完善，因此在一定程度上可能会对企业造成财务风险。

2. 财务管理模式跟风模仿

部分企业没有结合自身的实际情况制定适合本企业的财务管理模式，掌握合理的变革节奏和变革范围，而是单纯模仿成功企业的财务管理模式和组织结构，使得企业没有实现自身的战略目标，甚至在经营过程中无法正确分析本企业的经济实力，从而丧失发展机遇和动力。

3. 企业财务管理人员的综合素质偏低

信息化时代下的财务管理工作需要的复合型人才，在工作中不仅要求具备专业基础知识和懂得运用计算机系统，更要将所获得的财务信息与其他专业知识相结合，能够及时发现这些数据所提供的隐含信息，继而对其进行处理和分析，以便提前预防风险。因此，信息化时代对财务人员的要求非常高，但中国高校偏向培养专业型人才，而不是全面型人才，导致当前财务管理人员的综合素质普遍偏低。

4. 企业对财务管理信息化的重视程度不够

大多数企业都没有足够重视财务管理信息化对企业效益的影响。财务管理在企业工作中虽然一直都是很重要的一部分，但是由于综合型人才的缺失，且企业对计算机技术在财务管理工作中的应用没有进行深入研究，企业管理层对财务管理信息化缺乏真正的认识，因此财务管理信息化并没有在广度和深度上进行普及。

（二）财务管理信息化工作的影响因素

1. 对财务数据处理和分析的影响

将信息化运用在企业财务管理工作中，提高了生产能力，减少了企业手工处理和分析财务数据的人力成本。传统模式下的财务管理是通过手工记账的工作方式，再进行处理和分析财务数据的一种相当耗费时间和人力的工作方式。财务管理信息化可以通过新的工作方式提高工作效率，优化工作结构。在熟练运用信息化系统的基础上获得多方面的信息，而不是只获取自己所在职能部门以及企业发布的一些数据信息，再进行处理和分析。

2. 对企业决策制定过程的影响

完整、可靠、准确、及时的财务信息能够帮助企业决策者进行准确预测，做出更加正确合理的决策，以更好地规划企业的资金运作和企业经济结构进行融资，还可以评价现有项目和需要大投入的关键性投资决策。企业通过即时的信息能够更加快速做出反应决策，及时预防风险而减少对企业造成严重的损失。网络时代下，信息的更新速度过快，容易导致信息失真，因此要及时掌握所需的信息，更好地做出决策判断。

3. 对企业生产经营的影响

正确的财务信息能够帮助企业制定合理的发展战略，避免企业脱离实际实力或让企业盲目发展，以致危及企业的生存和发展，进而导致企业经营失败。传统模式下的财务管理大部分时间都用在记录企业经营活动上，获取信息的速度较慢且渠道也比较少，因此难以全面、及时地分析行业的前景，致使企业不能制定正确的生产经营战略。

4. 对企业财务管理人员的影响

在互联网时代的背景下，信息化的企业财务管理工作对财务会计人员的综合能力及素质提出了更高的要求，财会人员不仅要具备扎实的专业基础，还要掌握和运用信息化系统和新技术，且工作范畴变大，这都增加了财务管理人员的工作量和考验了他们的工作能力。

三、企业财务管理信息化建设的对策

（一）完善财务管理信息化制度

完善财务管理信息化制度一方面要加强对财务管理信息化这一新兴领域的深入研究，尽快制定出与之相应的法律法规；另一方面，国家要尽快成立鉴定部门，对企业开发的信息化系统进行检验、评定，以确保企业信息化系统的安全、可靠和高质量运行，同时鼓励成立社会信息化服务机构，完善相关的规章制度和管理办法，为企业信息化发展打造良好的社会环境。政府主管部门要进一步完善会计制度，出台相应的法律法规，提供法律保障，对危害计算机安全的行为进行制裁。企业要根据财政部颁布的法律法规，建立健全本企业的财务管理信息化系统操作管理制度，财务管理信息化硬件、软件管理制度，财务管理信息化岗位责任制，财务管理信息化档案管理制度，网络管理制度等。制度的制定者还要根据本企业信息化的发展需要及时对内部管理制度进行修订，同时重视并倡导制度在工作中的贯彻落实。

（二）保证财务管理信息化系统的安全

保证财务管理信息化系统的安全可靠运行虽然有一定的难度，但是只要把握好细节，及时对安全漏洞进行修补，制定详细的工作规程，建立规范有序的业务流程和管理模式，实行日常工作制度化管理等，可以保证信息的安全性。

1. 建立企业内部安全制度

（1）建立必要的内部控制制度，实行用户权限分级授权管理，建立进入网络环境的权限制度，在进入系统时加一些诸如用户口令、声音检测等检测手段和用户权限设置等限制手段，另外还可以考虑硬件和软件加密、专机专用、专室专用等。

（2）建立财务信息资料的备份制度，对重要的财务信息资料实行多级备份，加强网络安全管理，加强数据的保密与保护，对硬件和软件加密，专机专用，专室专用等，加强磁介质载体档案的管理，实行纸质档案和磁介质档案双套保管制度。

（3）制定计算机机房管理制度，制定机房防水、防火、防盗、防鼠的措施，以及突发事件的应急预案。

2. 确定技术安全保障

（1）由于成熟的财务软件对输入的数据具有校验功能，所以要加强信息化操作人员运用软件对经济业务的控制功能。

（2）善于运用先进的安全保障设备和措施，建立多级备份和恢复机制，目的是防止系统瘫痪，提高安全性，保证在意外情况下能够快速自救，可进行服务器双热机备份，保证在一般故障出现时，服务器系统的不停顿工作，瞬间恢复。

（3）加强系统的防病毒入侵工作，控制病毒源，及时更新杀毒软件，充分运用加锁存储设备，加强磁盘读写控制。还应采用网络防火墙技术、网关技术、身份认证技术、密码技术，确保系统的安全。

3. 提升企业高层领导财务管理信息化意识

企业对财务管理信息化的重视程度直接影响到企业的发展，有关部门要加大宣传力度，使全社会都意识到使用财务管理信息化是社会发展的需要，是企业生存和发展的捷径。还要加强对企业领导的财务管理信息化的教育，让企业的高层领导意识到实现财务管理信息化不仅是核算工具和核算方法的改进，还能为企业的高层领导提供可靠的分析数据，帮助领导进行科学决策，制订企业经济业务的发展规划，提高工作效率和管理水平。财务管理信息化是对财务管理工作的一次变革。

4. 提高财务管理信息化的人员水平

财务管理信息化工作离不开人才队伍的建设，财务管理信息化人员要掌握一定的财务管理专业知识和相关的计算机知识，以及财务软件的使用、保养、维护、管理等多方面的专业知识。在信息化建设中，企业必须重视培训，对此企业要有完整的培训知识库。注重科学性、有效性、实用性，分阶段、分内容、分层次地分别进行。要切合实际需要，及时更新培训内容。要经常参加培训工作和经验交流。在信息化的今天，计算机技术的日新月异，新软件和新技术不断出现，要加强对财务管理人员的继续教育，不断提高业务水平，为今后系统功能的改进和扩展奠定良好的人才基础。

5. 规范和管理信息化财务软件

新一代企业资源计划系统（ERP），信息化财务软件可以参照其所具有的功能模块。财务系统不仅在内部的各模块充分集成，与供应链和生产制造等系统也达到无缝集成。强调面向业务流程的财务信息的收集、分析和控制，做到对业务活动的成本控制和更全面地提供财务管理信息，提供多种管理性报表和查询功能。支持企业的全球化经营，为分布在世界各地的分支机构提供一个统一的财务核算和财务管理平台。同时也能支持各国当地的财务法规和报表要求。除此之外，企业也应结合实际，积极引进开发运用统一的财务与业务一体化的管理软件。

四、信息时代财务管理信息化创新

财务管理信息化是利用先进的计算机管理技术，达到"统一计算机平台、统一信息及业务编码、统一管理、统一监督"的财务与业务一体化的目的，实现财务系统与营销、生产、审计等系统的信息集成和数据共享，通过建立内部局域网或直接利用互联网，使企业能及时反映、传递会计信息，为决策者和报表使用者服务。财务管理信息化是一项涉及面广、综合性和制约性都很强的系统工程，它以利润最大化为目标，通过价值形态对资金运动进行决策、计划和控制的综合性管理，是企业管理的核心。

信息时代财务管理信息化的创新主要有以下方面：

（一）物流、资金流和信息流整合以及财务流程的重组

信息化财务管理作为企业管理信息系统的有机组成，通过与管理信息系统的无缝衔接，实现企业业务流程、财务工作流程和信息流程的集成，消除"信息孤岛"现象，提高信息的共享性。"三流"的整合彻底改变了传统财务会计依靠凭证录入取得信息的状况，使得财务管理信息系统的数据来源及时、准确、丰富，为进行财务流程重组、实现过程控制和实时分析提供可能。财务流程建立在"三流"整合的基础上，采用事件驱动的模式，将会计信息的采集、存储、处理、传输嵌入在业务系统中，实时信息处理流程嵌入财务管理过程中，当业务活动产生时，业务事件的相关信息输入

到财务管理信息系统、财务决策信息系统中，通过执行业务规定和信息处理规定，生成集成信息，实现集成化财务管理。这样，财务人员将改变原有的管理方式，把财务部门延伸到各个业务部门，直接关注实际业务过程，实现实时控制并处理风险。

（二）多时态、多形式的信息报告方式和人性化的信息表达方式

随着以高新技术和人力资本为特征的知识经济时代的到来，期货、期权等衍生金融工具不断发展，信息用户除了要求继续提供有形资产信息外，还要求提供无形资产信息，乃至企业生产经营应该承担的社会责任等信息。而且注重关心企业未来发展的预测性、前瞻性的信息。因此，财务信息在时态上必须跳出历史成本的限制，按需使用多种计量属性。只以货币计量的数字信息形式远远不够，还要以非货币计量信息，甚至是采用文字、图表、定性与定量相结合的形式。在多时态、多形式的信息报告方式中，还需要人性化的信息表达方式，尽可能把专业术语和数字翻译成通俗易懂的语言，简明、醒目地陈述结论。提供原因但不宜太多，从不同信息用户的角度提炼要点。

（三）实时反映与控制

传统的财务信息是在业务发生后，经过会计核算和财务管理方法的加工，经历一个较长周期而得到的。现在，企业的所有业务被整合于一个管理系统，并与外部系统如供应商报价系统、消费者需求系统、政府税务系统等连接。一方面，可直接从企业生产经营的每一个环节和外部环境收集信息，将一些非财务信息也纳入财务信息化管理中，这极大地拓宽了信息渠道，丰富了信息内容；另一方面，企业的每一项业务都能被立刻反映出来并被加工成为最新的财务信息，传统的静态财务报告可以被实时更新的动态财务报告代替。财务管理信息系统改变了传统财务工作的滞后性，不仅可以完成日常会计核算工作，更重要的是可以利用高度集成的手段，通

过数据仓库实时地采集那些影响企业资产、负债或所有者权益的信息，及时提供给管理者。根据事先设定的控制规则，财务管理信息系统还可以实现事中控制，在充分借助计算机处理能力和网络的传输能力的基础上，既可以横向地对企业经营全过程进行实时控制，也可以纵向地对不同地域的企业集团成员的运营状况进行控制。

第二章

财务管理价值原理

第一节 货币时间价值

一、资金时间价值的含义

（一）资金时间价值的含义

资金时间价值是指资金经历一定时间的投资和再投资之后所增加的价值。也就是说，资金的时间价值是在资金周转的过程中形成的，停止了周转，也就失去了增值的机会。只有经过投资和再投资，并持续一段时间才能够实现增值，而且随着时间的延续，资金总量在循环和周转中按几何级数增长，使资金具有时间价值。

（二）资金时间价值量的确定

通常情况下，资金时间价值被认为是在没有风险和没有通货膨胀条件下的社会平均资本利润率。这是因为资金时间价值应用的范围比较广，因此它以代表社会平均剩余价值的资本平均利润率为标准，而不是以个别剩余价值为标准。

资金时间价值量的大小通常以利息率来表示，需要注意的是本章衡量货币时间价值量的利息率与实际生活中的如银行存贷款利息率、股息率等一般利息率是有区别的。一般利息率除包含货币时间价值因素外，还包括了风险价值和通货膨胀等因素，同时还受资金供求关系的影响。

二、资金时间价值的计算

（一）利息、终值和现值

1. 利息

利息是资金所有者让渡资金使用权所收取的报酬。例如，客户向银行贷款购买房产，在约定的到期日或到期日之前，需要根据贷款金额和贷款期限的长短，按照借款利率计算贷款利息并支付给银行作为贷款的报酬。利息计算公式为：

$$I = P \times i \times n \tag{3-1}$$

其中，I 为利息；P 为本金；n 指资金使用的时间；i 为利率。该公式用文字表述为：

$$利息 = 本金 \times 时间 \times 利率$$

资金所有者收回资金使用权时的总金额为本利和，包括本金和利息两个部分。本利和的计算公式为：

$$S = P + P \times i \times n = P \times (1 + i \times n) \tag{3-2}$$

其中，S 为本利和；P 为本金；n 指资金使用的时间；i 为利率。

2. 终值

终值（Future Value），也称为未来值，常用字母 F、FV 表示，是一定数量的现在货币经过若干期后的本利之和，或者说终值是现在投入的现金在将来某一时点的价值。

3. 现值

现值（Present Value），常用字母 P、PV 表示，也可叫作现在值，是指一定数量的未来货币按一定的折现率折合成现在的价值，即资金的现在价值。

4. 利率

利率是资金的增值额与投入资金价值之间的比率，是资金的交易价格。资金的融通实质上是通过利率这个价格在市场机制的作用下进行的资源再分配，因此利率在财务管理中起着非常重要的作用。按照不同的标准，利率可以划分为以下几类：

（1）按利率之间的依存关系，分为基准利率和折算利率；

（2）按债权人的实际所得，分为名义利率和实际利率；

（3）按借贷期内是否调整，分为固定利率和浮动利率；

（4）按利率变动与市场供求关系，分为市场利率和法定（官方）利率。

资金的供求状况是决定利率水平的重要因素。在实际生活中，资金的利率是由纯利率、通货膨胀附加率和风险附加率三部分组成的，或者说是由时间价值、通货膨胀补偿和风险报酬三部分组成的。

在资金时间价值分析中，运用最为频繁的就是实际利率和名义利率。资金时间价值分析一般以年为计息周期，通常所说的年利率就是名义利率，也称为票面利率或合同约定的利率。但是实际计算分析中，经常会以少于一年的周期为计息周期，因此会出现利率标明的计息单位与计息周期发生不一致的情况，如按天计息、按月计息、按季计息或者每半年计息，相对的复利计息次数变为每年 360 次、12 次、4 次或 2 次。这时候就要注意区分名义利率和实际利率，两者的关系可用公式表示为：

$$i = \left(1 + \frac{r}{m}\right)^m - 1 \qquad （3\text{-}3）$$

其中，i 为实际利率；r 为名义年利率；m 为每年的计息次数。

根据该式，可以归纳出名义利率和实际利率之间的联系：

① 当计息周期为一年时，名义利率和实际利率相等；当计息周期短于一年时，实际利率大于名义利率。

② 名义利率越大，计息周期越短，实际利率与名义利率的差异就越大。

③ 名义利率不能完全反映资金的时间价值，实际利率才能真正反映资金的时间价值，因为实际利率反映了资金的周转时间或周转次数。

（二）单利的计算

1. 单利的定义

单利（Simple Interest）是以期（年、季、月、日等）为单位按本金计算的利息。也就是说其计算过程中只有最初的本金计算利息，利息不计算利息，即不会出现"利滚利"的现象。

单利的计算包括单利终值的计算和单利现值的计算。

2. 单利终值的计算

单利终值的计算就是利用单利计算若干期以后包括本金和利息在内的未来价值。其计算公式为式 3-2，或：

$$FV_n = PV + PV \times i \times n = PV \times (1 + i \times n) \tag{3-4}$$

其中，FV_n 和 S 都表示终值或本利和；PV 和 P 都表示本金；n 指使用的时间或周期；i 为利率。

3. 单利的现值计算

单利的现值计算就是将未来的资金金额按照给定的利息率计算得到现在的价值，其计算公式可以由单利终值公式倒推得到，即：

$$P = \frac{s}{1 + i \times n} = s \times (1 + i \times n)^{-1} \tag{3-5}$$

或

$$P_0 = \frac{FV_n}{1 + i \times n} = FV_n \times (1 + i \times n)^{-1} \tag{3-6}$$

其中，P 或 P_0 表示单利现值；S 或 FV_n 表示终值或本利和；n 为使用的时间或周期；i 为利率。

三、年金的计算

（一）年金的概念

年金是指一定时期内每期金额相等的收付款项。年金的特点是收或付的金额相等，而且每次收或付款间隔的时间也相等。例如，一年定期支付一次、半年支付一次、一季度支付一次、每周支付一次相同的金额都可以称为年金。

介于相邻的两个支付年金日期的时期称为支付期间；介于两相邻日期之间的这段时间称为计息期间。

每一支付期间支付的金额称为每次（期）年金额；每计息期中各次年金额的总和称为每期年金总额；自第一次支付期间开始到最后一次支付期间结束称为年金时期。

企业财务活动中的分期付款赊购、分期偿还贷款、发放养老金、租金、按直线法计提的折旧额等都属于年金的收付形式。

（二）年金的种类

年金按照收款方式和支付时间可以分为普通年金、即付年金、递延年金和永续年金四种。

1. 普通年金

普通年金（Ordinary Annuity）是指在每期期末等额收付的年金。普通年金在经济活动中最为常见，可用本利和 S 表示，也可以用符号 FAV 表示。

2. 即付年金

即付年金也叫预付年金、先付年金，是指在一定期间内，每期期初收付的年金。即付年金可分为即付年金终值和即付年金现值，两者的计算公式都可以通过普通年金的计算公式推导得到。

普通年金与即付年金的区别：普通年金是指从第一期起，在一定时间内每期期末等额发生的系列收付款项；即付年金是指从第一期起，在一定时间内每期期初等额收付的系列款项。两者的共同点在于都是从第一期即开始发生，间隔期只要相等就可以，并不要求必须是一年。

（1）即付年金终值

即付年金终值是指在一定时期内每期期初等额收付款项的复利终值之和。n 期即付年金和 n 期后付年金（普通年金）相比，付款次数相同，期数相同，但是两者的付款时间不同，前者在期初付款，因此，即付年金终值比普通年金终值多一期利息。

（2）即付年金现值

即付年金现值是指在一定时期内每期期初等额收付的复利现值之和，它与后付年金的区别在于两者的付款时间不同。

3. 递延年金

递延年金也称延期年金，它是指最初若干期没有收付款发生，递延若干期之后才有收付款的年金。其实它就是普通年金的特殊形式。

（1）递延年金终值

递延年金终值的大小与递延期 m 无关，与普通年金终值计算公式相同。

（2）递延年金现值

递延年金现值的计算有两种方法：

第一种方法，把递延年金作为 n 期普通年金看待，求出 n 期末到 m 期末的年金现值，然后把这个现值作为终值，再求其在 m 期初的复利现值，这个复利现值就是递延年金的现值。

第二种方法，把递延年金看成 $n+m$ 期普通年金，即假设递延期中也有收付额发生。先求出 $n+m$ 期普通年金现值，然后再减去并没有收付额发生的递延期（m 期）的普通年金现值，最后求出的两者之差就是递延年金现值。两种方法求出的值稍有差别，这是在系数表中查到的相关系数值经过了四舍五入处理所致。

4. 永续年金

永续年金也叫终身年金，即没有终期的年金。在我国，最常见的永续年金就是银行存款中的存本取息；在国外，很多债券采用永续年金的形式，尤其是政府债券，持有者可在每期取得等额的资金，永远不会期满。此外，优先股有固定的股利又无到期日，因此优先股也可视为永续年金。因为永续年金没有到期日，所以就不会有终值，只用求它的现值。

四、货币时间价值的应用

（一）不等额现金流量现值的计算

年金的每次收付额都是相等的，但是在实际经济生活中每次收付的款项并不一定都是相等的，因此需要计算不等额现金流量的现值。

（二）分期收（付）款的现值计算

在现实生活中我们经常会遇到需要分期收（付）款、等额分摊等情况，如住房按揭、购车贷款，这类问题大多是已知现值，要求计算每年的现金流量，或者是根据确定的现金流量来计算现值。

（三）折扣方案计算

某家电商场现存高档电视机 500 台，每台售价 4 500 元。但由于是过时积压商品，按正常价格出售预计销售状况惨淡，而且占用商场资金影响货币回笼（银行贷款利率为 12%）。若按 5 折降价销售，当年可全部出售；若按 6.5 折出售，估计 4 年内能够全部售出，平均每年销售 125 台。请将两种折扣方案进行比较后选出最优方案。

相比之下，5 折出售能够比 6.5 折出售收回更多的现金。同时，5 折出售能够在当年将彩电全部售出，而 6.5 折需要花费四年时间，资金回笼速度相对较慢，因此 5 折出售方案为最优方案。

（四）贴现率的计算

求利息率或贴现率首先要根据公式求出系数，然后通过系数表或者是计算求出贴现率。

（五）公司债券的现值

公司债券的现值代表债券的价值，债券价值等于每年支付的利息之和加上到期值的现值。

（六）股票的现值计算

股票的现值代表股票的价值，即股票未来收益的现值。股票的收益包括股息和资本收益。

第二节 风险价值

风险是市场经济的一个重要特征，企业的财务管理活动常常要面临各种风险，因此，冒风险就需要获得额外的报酬，否则就不值得冒风险。因此我们在进行财务决策的时候要考虑风险以及风险报酬，为财务管理决策提供充分可靠的依据。

一、风险的含义与类别

（一）风险的含义

风险是指人们在事先能够确定采取某种行动所有可能的后果以及每种

后果出现的可能性的状况。也有人说风险是指结果的任何变化。从证券分析或投资项目分析角度来看，风险主要指实际现金流量会少于预期流量的可能性。从投资者进行投资的角度来看，风险是指从投资活动中所获得的收益低于预期收益的可能性。而在财务管理方面，风险是指在一定条件下和一定时期内，财务活动可能发生的各种结果的变动程度。角度不同，风险的定义也不同。归纳起来，风险具有以下主要六个特点：

（1）风险是事件本身的不确定性，具有客观性；

（2）风险是可变的，其大小随时间的延续而变化；

（3）风险与不确定性是有区别的；

（4）风险是损失与收益并存的，即风险有可能带来收益，也可能带来损失；

（5）风险是针对特定主体或项目而言的，不同条件下风险大小不同；

（6）风险是可测的。

（二）风险的类别

风险的预期结果具有不确定性，因为其影响因素可能来自外部环境，或由整个市场状况所致，也有可能是特定的投资方案或者是投资产品自身的原因所造成，因此，我们可以根据不同的标准对风险进行分类。

从风险产生的原因这个角度来看，风险可以分为系统性风险和非系统性风险两种。系统性风险又被称为市场风险，它是由整个市场或整个社会环境所造成的，如政策变动、战争、经济周期性波动、利率变动等因素造成的风险，是无法通过投资或组合投资来避免的，因此也将系统性风险称作不可分散风险。

非系统性风险是企业自身经营等原因所造成的，主要针对特定的项目或产品，如新产品开发失败、工人罢工、失去重要合同等导致的风险，其主要影响因素并不包括市场环境因素，是可以通过分散化投资等方法或措施降低损失程度甚至避免损失的，因此非系统性风险又被称为可分散风险或特有风险。

从经营者和筹资者的角度来看，公司面临的风险又可细分为经营风险和财务风险（筹资风险）。经营风险是指企业固有的、生产经营上的原因导致的未来经营收益的不确定性，因此也叫营业风险。其影响因素主要包括：新材料新设备的投入等因素带来的供应方面的风险；产品质量、新产品开发失败、生产组织合理性等因素带来的生产方面的风险；销售状况是否具有持续性、稳定性等所带来的风险；外部环境的变化，即劳动力市场的供求关系变化、通货膨胀、自然气候变化或地质灾害等原因。

财务风险是指由于举债而给企业的财务状况带来的风险，它是由全部资本中债务资本比率的变化带来的风险，即负债增加导致的风险。在经营风险一定的条件下，采用固定资本成本筹资方式所筹集资金的比重越大，普通股东的风险就越大，因此，债务比率和财务风险是成正比的。财务风险的主要影响因素包括资金供求的变化、利率水平的变动、获利能力的变化和资金结构的变化。其中资金结构的变化对筹资风险的影响最为直接。

二、风险的衡量

风险是可测的，这是指人们可以对这种可能性出现的概率进行分析，以此来预测风险的程度。风险测量主要采用概率、期望值、离散程度和标准离差率。

风险概率的测定有两种方法：一种是客观概率，即根据大量的、历史的实际数据推算出来的概率；另一种是主观概率，指在没有大量实际资料的情况下，人们根据有限的资料和经验合理估计的概率。

（一）概率

概率是指某一事件出现的机会的大小，通常用百分数或小数来反映。通常，我们把必然发生事件的概率定义为 1，把不可能发生事件的概率定义为 0，一般事件的概率是介于 0～1 之间。概率越大，表示这件事发生的可能性就越大。如果把所有的可能性的事件或结果都列出来，而且每一事件都给予一种概率，把它们列示在一起，便构成了概率的分布。

概率必须符合以下两个条件：

（1）所有概率 P_i，都在 0 至 1 之间，即 $0 \leqslant P_i \leqslant 1$；

（2）所有结果的概率之和应该等于 1，即

$$\sum_{i=1}^{n} p_i = 1$$

其中，n 为可能出现的结果的个数。

（二）概率分布

概率分布是指某一事件各种结果发生可能性的概率分布。概率分布在实际运用中被分为离散型分布和连续型分布两种。

若随机变量只取有限个值，并且对应于这些值都有确定的概率，则随机变量是离散型分布。在离散分布里，随机变量在直角坐标系中越集中，实际出现的可能性越大，风险就越小，反之风险越大。

若随机变量的取值有无限个，即有无限种可能性出现，每一种情况都赋予一个概率，并分别测定其报酬率，则属于连续型分布。其特点为概率分布在连续图像上的两个点的区间上。

（三）期望值

随机变量的取值是以相应概率为权数的加权平均数，称为随机变量的预期值（数学期望或均值），是随机变量取值的平均化，反映集中趋势的一种量度。在企业财务管理中，我们把随机变量的预期值称作期望报酬率或预期报酬率，即一项投资方案实施后，能否如期回收投资并获得预期收益的不确定性为这项投资方案的风险，因承担这种投资风险而获得的报酬为风险报酬，通过风险报酬率表示。对于有风险的投资项目，其实际报酬率可被看作是一个有概率分布的随机变量，可以用期望报酬率和标准离差进

行衡量。

（四）方差和标准差

方差是各种可能的结果偏离期望值的综合差异，是反映离差程度的一种量度。

标准差也称标准离差，用于计量一个变量对其平均值的偏离度。它是通过对数值进行个别观察，对所得的加权平均差求平方根而得到的。标准差是测定风险大小的有效指标，一般来说，标准差越大，预计结果的离散程度越高，结果越不确定，风险越大；反之则风险越小。

（五）标准离差率

标准离差是反映随机变量离散程度的一个指标，但由于标准离差是一个绝对指标，所以无法准确反映随机变量的离散程度。因此还需要一个相对指标来解决这个问题，即用标准离差率来反映离散程度。

标准离差率是某随机变量标准离差相对该随机变量期望值的比率。标准离差率越大，风险越大；反之，标准离差率越小，风险越小。

三、风险与风险报酬

标准离差率虽然能够正确评价投资项目的风险程度，但假设我们面临的决策不是评价与比较两个投资项目的风险水平，而是要计算该项目的风险所能够带来的报酬并以此为依据做出投资决策，我们就需要运用风险报酬这一概念。

风险报酬是衡量一项投资获利能力大小的指标，在投资过程中，风险与风险报酬的相关关系是：风险报酬和风险是相对应的。一般来说，存在较大风险的投资项目和产品就需要有相对较高的收益率；而收益率较低的投资相对来说存在的风险也较小，即"高风险，高回报；低风险，低收益"。

在不考虑通货膨胀因素的情况下，期望投资收益率的内涵由两部分组成：其一是资金的时间价值，由于它不考虑风险，所以又叫无风险报酬，或无风险投资收益率；其二是风险报酬，或风险收益率。

无风险收益率，是指在正常条件下投资者不承担投资风险所能得到的回报率，无风险收益率几乎是所有的投资都应该得到的投资回报率，比如短期国债利率，购买国家发行的公债，到期连本带利肯定可以收回，这个无风险收益率代表了最低的社会平均报酬率。

风险收益率，与风险大小有关，风险越大则要求的回报越高，它是风险的函数。风险和风险收益率是成正比的，风险程度可用标准差或标准离差率来计量。风险收益斜率取决于全体投资者对于风险的态度，可以通过统计方法来测定。如果大家都愿意冒险，风险收益斜率就小；如果大家都不愿意冒险，风险收益斜率就大。风险收益斜率的确定，有如下三种方法：

（1）根据以往的同类项目加以确定。

（2）由企业领导或企业组织有关专家确定。如果现在进行的投资项目缺乏同类项目的历史资料，则可根据主观的经验加以确定。具体可由企业组织有关专家（总经理、财务副总经理、财务主管等）研究确定。此时，风险收益斜率的确定在很大程度上取决于企业对风险的态度。

（3）由国家有关部门组织专家确定。国家财政、银行、证券等政府部门可组织有关专家，根据各行各业的条件和有关因素，确定各行业的风险收益斜率，并定期向社会公布。投资者根据国家公布的风险收益斜率（也称风险报酬系数），并结合其对风险的态度确定合适的风险系数。

四、利率水平的构成要素

金融市场上利息率水平的决定因素只是从理论上解释利率为何会发生变动。分析利率的构成有助于测算在未来特定条件下的利率水平。利率通常由纯利率、通货膨胀补偿（或称通货膨胀贴水）和风险报酬三部分构成。其中风险报酬又可以进一步细分为违约风险报酬、流动性风险报酬和期限风险报酬三种。利率的一般计算公式可以表示为：

$$K = K_0 + IP + DP + LP + MP$$

其中，K 为名义利率；K_0 为纯利率；IP 为通货膨胀补偿；DP 为违约风险报酬；LP 为流动性风险报酬；MP 为期限风险报酬。

（一）纯利率

纯利率是指没有风险和没有通货膨胀情况下的平均利率。例如，当不存在通货膨胀时，国库券的利率可以看作纯利率。纯利率的高低受资金供应和需求关系的影响。利息作为利润的一部分，利息率依存于利润率，并受利润率的制约。一般来讲，利息率随利润率的提高而提高，利息率最高不能超过平均利润率，否则企业无利可图，不会借入资金；利息率的最低限度应大于零，不能等于或小于零，否则提供资金的人不会提供资金。利息率占平均利润率的比重取决于金融业与工商业的竞争结果。精确地测定纯利率是非常困难的，在实际工作中，通常以无通货膨胀情况下的无风险债券利率来代表纯利率。

（二）通货膨胀补偿

持续的通货膨胀会降低货币的实际购买力，使投资者的真实报酬下降。因此投资者把资金交给借款人时，会在纯粹利息率的水平上再加上通货膨胀附加率，以弥补通货膨胀造成的购买损失。因此，每次发行国库券的利息率随预期的通货膨胀率变化，它近似于纯利率＋预期通胀率。例如，政府发行的短期无风险证券的利率就是由这两部分组成的，即短期无风险证券利率 KF＝纯利率 K_0＋通货膨胀补偿 IP。假设纯利率为 2.5%，预计下一年度的通货膨胀率是 5%，则一年期无风险证券的利率应为 7.5%。

（三）违约风险报酬

违约风险是指借款人无法按时支付利息或偿还本金而给投资人带来的风险。违约风险反映着借款人按期支付本金、利息的信用程度。借款人如经常不能按期支付本利，说明这个借款人的违约风险高。为了弥补违约风险，借款人必须提高利息率，否则投资人不会进行投资。国库券等证券由政府发行，可以看作没有违约风险，其利率在到期日和流动性等因素相同的情况下，各信用等级债券的利率水平同国库券利率之间的差额，便是违约风险报酬率。

（四）流动性风险报酬

流动性是指某项资产能够迅速转化为现金的可能性。一项资产能迅速转化为现金，说明其变现能力强，流动性好，流动性风险小；反之，则说明其变现能力弱，流动性不好，流动性风险大。政府债券、大公司的股票与债券，由于信用好、变现能力强，所以其流动性风险小；而一些不知名的中小企业发行的证券，流动性风险则较大。一般而言，在其他因素相同的情况下，流动性风险小的证券与流动性风险大的证券相比，利率高出1%~2%，这就是所谓的流动性风险报酬。

（五）期限风险报酬

期限风险报酬是指因到期时间不同而形成的利率差别。一项负债，到期日越长，债权人承受的不确定因素就越多，承担的风险也越大。期限风险报酬正是为了弥补这种风险而提高的利率水平。由此可见，长期利率一般高于短期利率，高出的利率便是期限性风险报酬。当然，在利率剧烈波动的情况下，也会出现短期利率高于长期利率的情况，但这只是一种偶然性。

第三节　财务情况预判之宏观环境分析

环境无所不含。对公司的财务情况而言，这里的环境不仅包括公司生产经营所处的宏观经济环境和行业竞争环境，而且包括公司的竞争优势和竞争战略为其财务运作营造的客观环境。因此，这里所说的宏观环境分析是指对公司财务运作所处的宏观经济环境、行业特点与趋势、竞争优势和经营战略进行的分析。这种分析的主要目的是找出对公司财务情况产生影响的因素，并根据这些因素的变化对公司财务情况做出预判。在此基础上，信息使用者就能判断公司财务报表的可信度，从而为下一步的会计调整提供依据，也就是说，宏观环境分析在财务情况预判中发挥着一种方向性作用。

此外，宏观环境分析也为后面具体的财务报表结构分析和指标分析准备了定性基础，更是信息使用者对公司财务前景进行准确预测的可靠保证。

一、宏观经济环境分析

对公司来说，宏观环境通常可以看成那些不直接影响公司短期行为，但能够间接影响并对其长期决策有影响的一般力量，主要包括经济因素、技术因素、政治法律因素和社会文化因素等。但经济决策目的下财务报表分析通常更关注对公司产生普遍影响的经济波动及其相应的货币财政政策等。在不利环境下，对公司而言就构成宏观经济风险，这种整体且全面性的风险可能导因于 GDP 变动、货币供应的变化、进出口增长或衰退、产值提升或下降等。

经济波动又称经济周期，是指从长期看经济有一个平滑的稳定增长趋势，经济围绕这个长期趋势波动，表现为经济扩张和经济紧缩交替出现，包括繁荣、衰退、萧条和复苏四个阶段，衰退通常是经济周期的下降阶段。一般认为，在经济运行过程中，如果实际 GDP 至少连续两个季度呈现出下降趋势，即认为经济进入衰退阶段。经济下行期公司的经营环境恶化，势必对公司产生不利影响，这是在报表分析实践中需要密切关注的方向性问题。

当然，具体而言，研判经济周期的影响，首先应区分不同的行业或公司特征分而待之。

对顺周期性行业而言，商业活动倾向于反映经济的总体趋势：在复苏（扩张）期增长，在衰退（收缩）期下降，在严重衰退或萧条阶段则出现最差公司的倒闭。

对反周期性行业而言，公司在经济衰退期的表现好于复苏期。当然明显的反周期行业很难找到。

对非周期性公司而言，经济的复苏和衰退对于公司的影响并不明显，尽管经济的活跃程度肯定会降低一些。这类行业提供的往往是绝对必需的产品和服务，如基本的食品和药品。

经济周期对公司的影响也最终将传导到决策者身上。因为决策者的决策行为具有顺周期性，在经济上行期，决策者对大多数公司的盈利能力表现乐观，通常做出风险较大的经济决策。由于公司盈利水平较高，投资者收益也高，但伴随着经济下行期的到来，决策者原先的决策风险暴露，使损失增加。已有的研究和观察表明，经济周期对盈利质量迁徙具有显著影响，经济下行期，公司盈利能力降低，使经济决策风险和经济损失加大。

因此，分析公司的经营环境离不开对经济波动的分析，特别是对非经济周期行业中的公司，在经济下行期要提前预防投资风险。对于准备对其中长期投资的公司，要密切关注经济周期对其影响，对其未来在经济下行期的抗风险能力予以充分的评价。

二、行业竞争环境分析

一般来说公司所处的行业特征大致决定了其生存状态和盈利空间。当然也有话说"没有倒闭的行业，只有倒闭的公司"，但不可否认，一个公司是否有长期发展的前景，首先同它所处的行业本身的性质有关。身处高速发展的行业，对任何公司来说都是一笔财富，当一个公司处于弱势发展行业中，即使财务数据优良也因大环境的下行趋势而影响其未来的盈利能力。所以，行业分析对定性判断公司的发展前景具有重要的指示作用。

（一）行业产业政策分析

各国经济发展的历史经验表明，随着经济发展和国民收入水平的提高，产业结构将随之由低水平均衡向高水平均衡演化，呈现出有序性、阶段性和明显的规律性特征。而经济结构的调整往往伴随着行业或区域政策的引导和促动。

产业政策是政府为了实现一定的经济和社会目标而对产业的形成和发展进行干预的各种政策的总和，通过鼓励、限制或禁止某些产业、产品和技术的发展，弥补市场缺陷，合理配置、利用资源，优化经济结构，促进产业发展。产业政策有宏观经济政策、区域政策和行业政策之分。其中，区域政策主要是在一定的区域内对产业政策进行局部规划，以促进区域内部的发展以及与区域外部的协调；而行业政策则是通过对各行业的鼓励扶持或者限制发展来达到对有限社会资源的合理配置。

从本质上讲，产业政策是一种政府行为，是政府经济职能的重要实现形式。信息使用者应关注政府出台的公司所处行业的产业政策，了解该行业是国家鼓励、政策支持的行业，还是国家将限制发展，甚至淘汰的行业，从而为公司未来盈利能力分析提供政策依据。同时，信息使用者通过对行业产业政策的分析还可以有效地规避政策风险。

（二）行业生命周期分析

行业生命周期是指行业从出现到完全退出社会经济活动所经历的时间，主要包括四个发展阶段：起步期、成长期、成熟期和衰退期。行业生命周期理论忽略了具体的产品型号、质量、规格等差异，仅仅从整个行业的角度考虑问题。识别行业生命周期所处阶段的主要指标有市场增长率、需求增长率、产品品种、竞争者数量、进入壁垒及退出壁垒、技术变革、用户购买行为等。

分析行业生命周期有助于从公司之外的恰当视角看待行业和公司前

景，决定应该加大投入还是撤离该行业或公司。一个公司如果不了解行业的生命周期阶段，其发展策略会变得危险和不可靠。如公司在某行业中处于领先地位，但是该行业却处于衰退阶段，那么公司的未来发展前景也会岌岌可危。同样对于分析者而言，不了解公司的行业生命周期，也可能造成对公司整体经营情况的盲目乐观的判断，或盲目悲观的判断。

首先，行业发展阶段决定了公司的扩张速度及其资本支出需求，公司在经历起步期而步入成长期后，市场需求的快速扩张将引领行业产能的迅速扩张，从而导致资本支出的大幅增长，相应地对投资需求增大，这时公司的当前盈利能力和对外筹资能力就成为判断其未来发展能力的应考虑的方面。进入成熟期后，市场趋于稳定，竞争也转向质量、性能、服务等非价格方面，行业大规模、集中式资本支出将大大减少，但是前期筹资产生的利息、股息支出将增加，因此对公司偿债能力分析就应成为公司盈利能力分析的重要辅助指标。

其次，行业发展阶段还决定了公司不同的风险水平和盈利特征。在起步期，行业发展不仅面临产品能否被社会广泛接受的市场风险，还面临因生产成本过高导致的亏损风险。

（三）行业市场结构分析

所谓市场结构是构成市场的卖者（企业）相互之间、买者相互之间以及卖者和买者集团之间等诸关系的因素及其特征。市场结构是决定产业组织竞争性质的重要方面。西方现代经济学理论认为影响市场结构的要素有市场集中度、产品差别化、进入壁垒、规模经济、市场需求的增长率、市场需求的价格弹性等。根据以上几种影响市场结构的因素，可以将市场结构按垄断、竞争程度依次划分为完全竞争、垄断竞争、寡头垄断和完全垄断4大主要类型。

影响市场结构最基本的要素就是市场集中度。市场集中度是衡量市场上卖者垄断程度的指标，主要反映卖者的规模结构，也就是产业内生产集中的状况。根据产业经济学的"结构—行为—绩效"范式（SCP），集中度较高的产业有利于公司间的合谋，大公司运用市场实力制定较高价格，从而获得较高的产业利润。

不同的市场结构中，由于公司竞争的激烈程度不同，公司所获取的利润也就各不相同。竞争越是激烈，身陷其中的公司的毛利率就可能越低。特别是那些成熟的甚至走向衰退期的行业，由于竞争非常激烈，整个行业的毛利率水平都会比较低。这使得该行业中的公司尽管有差别，但很难在毛利率方面有太大的突破。

信息使用者加强对公司所在行业市场结构的分析，可以加深对公司的竞争地位和盈利前景的认识。

当然由于区域差异的存在，行业集中度的分析不能仅从全国范围来看，而且必要时应依据区域视角才更具有针对性和决策的依据性。一些行业从全国范围看集中度可能较低，属于竞争型结构，而若从区域的角度单独进行集中度的计量，其市场集中度可能很高，市场结构可能属于寡头垄断，具有鲜明的垄断性市场特征。因此，基于区域市场集中度与全国性行业集中度的差异，在进行公司所处的行业市场结构分析时，以具有相互竞争关系的区域性公司范围作为计算市场集中度和判断市场结构的基本依据，才是建立正确评判方法的基本思路。

（四）行业成本结构分析

不同的行业呈现出不同的成本性态或成本习性，也即行业内公司的固定成本和变动成本体现为较为稳定的比例特征，特定行业内的公司往往有着相似的资产转换周期、财务报表结构和成本结构，而不同的成本结构将会影响行业内公司的行业风险、公司风险、利润和竞争属性等。依据行业成本结构的不同，可以大体分为"重资产"和"轻资产"两类行业。

重资产行业，即高经营杠杆行业，指固定成本所占比重高于变动成本的行业。该类行业中，产量高的公司比产量低的公司更能盈利。因为随着产量的增加，平均单位产品的生产成本会迅速下降，即出现规模经济。在成熟的重资产行业中，为维持产量而保持市场份额，对于公司的盈利是至关重要的。典型的重资产行业有航空运输行业、电力、钢铁等行业。

轻资产行业，即低经营杠杆行业，指变动成本较固定成本占比更大的行业。这类行业中的公司进行纠错的战略可行性和现实性较高，在经济衰退期或产量下降时相对更具有优势。因为这类公司更容易快速降低变动成本，维持盈利，但如果处于经济和销售增长都很强的时期，轻资产行业的盈利增长速度要慢于重资产行业。典型的轻资产行业有影视业、服装、面向研发的高科技公司等行业。

当然，重资产和轻资产两类行业一定条件下可发生转化：重资产行业的公司可以通过商业模式创新演变为轻资产公司，如手机生产商可以将制造环节委托其他公司代工，从而实现成本结构的由重变轻；而轻资产行业的公司由于经营策略原因也可能转变为重资产公司，如服装业若是采取直营店为主的销售模式，其成本结构将会由轻变重。

通常而言，经营杠杆越高，公司面临的风险越大，需要较高的销售水平来维持行业的盈利，而且行业的盈利性相对于销售的下降也更加敏感。因此，重资产行业与非经济周期的叠加，将表现出非常脆弱的特性。保持较高的销售额和较高市场占有率，对于重资产行业内的公司取得成功非常重要。

（五）行业获利能力分析

不同行业的获利能力显然不同，甚至有天壤之别。分析行业获利能力的工具有多种，但仍以波特提出的"五种力量模型"为经典，且便于分析使用。波特认为，有五种竞争力量决定了行业的盈利能力，其中，三种来源于"水平"竞争，它们是产业内部现存的竞争者、潜在的进入者和替代品生产者，另外两个则来自公司的"垂直"关系，它们是供应商的讨价还价能力和购买者的讨价还价能力。根据波特的分析框架，行业内实际和潜在的竞争程度决定了行业获取超额利润的可能性,而这一潜在利润能否由行业取得则取决于该行业中的公司与客户和供应商的讨价还价能力。

第一,现有竞争对手间的竞争程度与利润摊薄。现有公司间的竞争是公司所面临的最强大压力。现有竞争者根据自己的资源,采取价格竞争、新产品开发、服务质量以及促销等手段力图在市场上占据有利地位和争夺更多的消费者,对行业内竞争者构成极大威胁。一般情况下,行业增长率高、竞争者的集中度和均衡度高、产品的独特性好、进入壁垒高、退出障碍低,则公司间的竞争强度会小些;反之,则竞争会更加激烈。同行竞争总是由一个或几个公司认为存在改善其市场地位的机会而引发的。比如我国家电市场上,四川长虹几次依仗资金实力和规模经济发起价格大战,导致同行业其他公司报复性反应。竞争的结果可能会使彼此都无从得益,特别是行业中竞争者数量较多的情况下。同样,如果行业内竞争者较为集中,实力、规模相当,如美国软饮料业的可口可乐和百事可乐,它们可以心照不宣地相互合作,避免破坏性的价格竞争。

第二,进入者威胁利润分配的格局。早期进入的公司,其先行优势有助于阻止未来公司的进入而获取垄断利润,先入者容易取得成本或价格优势,制定有利的行业标准或取得资源许可,而行业的高额利润必然招致新入公司分割。新进入者的加入,一方面,会带来生产能力和市场占有率方面的要求,这必然引起与现有公司的激烈竞争,促使产品价格下跌;另一方面,新进入者加入行业,同时会带来对生产资源的争夺,从而可能使行业生产成本升高,倒挤利润。因此,行业进入难易程度成为影响新进入者威胁大小的关键。规模经济、先行优势、分销渠道的进入和法律障碍等都会影响行业进入的难易程度。站在行业利润的角度,最有利的情况是进入壁垒高而退出障碍低。因为新进入者将被壁垒阻挡,而不成功的竞争者可以退出该行业。当进入壁垒和退出障碍都高时,潜在利润较高但通常伴随着高风险。因为尽管挡住了新进入者,但不成功的企业仍会留在该行业内坚持斗争，进入壁垒和退出障碍都很低的情况虽然不尽理想，但不是最糟的。当进入壁垒低而退出障碍高时，进入该行业很容易；经济状况好转时会吸引新企业加入，但当情况恶化时，企业却无力撤出该行业，结果使这些生产能力滞留在行业里，导致行业获利能力长期恶化。

第三，替代品威胁利润大餐。替代品由于与被替代品有相似的功能，无形中加大了被替代品的行业的竞争边界，而且这些替代品往往由高盈利行业提供，表现出一种价格优势，从而限制了企业所在行业的产品价格，抑制了行业利润水平。所以，企业的产品一旦被模仿和替代，其利润趋势必然下滑。

第四，供求双方的强弱对利润的影响。行业的竞争程度决定了获取超额利润的潜力，而行业供应商和消费者的议价能力决定了行业的实际利润水平。在产出前，企业面临着与劳动力供应方、原材料供应商的交易。在产出时，企业直接面对消费者或分销商。买方实际上也在和行业内的企业竞争，他们迫使企业降价，提高质量，提供更优服务，这些均会降低行业的获利能力。当然，买方的议价能力受其价格敏感性和交易地位的影响，若产品缺乏独特性且转换成本低或在其成本结构中占有较大比重，则其愿意寻找成本更低的产品。而相对于供应商数量的买主数量少，购买量大，可供买方选择的产品或替代品多，则买方在交易中更容易保持强势地位。而当供应商数量少且客户可选择的替代品少时，则供应商具有强势地位，从而可以提高买方的购买成本，压缩行业盈利空间。

综上所述，对行业竞争环境的分析，就是要识别行业风险，将行业风险与公司在行业中的竞争地位结合起来分析。依据行业发展的基本规律，了解行业的增长点和风险所在，进而提供对公司财务状况进行初步预判的依据同时通过行业分析、判断出行业发展趋势、公司的总体竞争水平及高低差别水平、产品市场空间，掌握总体的行业财务及比率标准和差异，从而提高公司财务状况分析的质量和盈利能力预测的准确性。由此可见，行业竞争环境分析是科学看待公司财务报表的数据信息的基础。

三、竞争优势及竞争战略分析

信息使用者应当关注公司的价值创造能力，而公司的竞争优势和竞争战略决定了公司的价值创造能力。每个行业、每个公司都会有各自不同的竞争优势，例如对于啤酒行业的公司，酿酒能力强、批发分销网络覆盖面广、广告推广得力都可能使其具有竞争优势。在产业竞争的不同阶段，拥有竞争优势和采用适当的竞争战略成为公司取得成功的关键因素。

（一）竞争优势分析

在评价公司是否具有投资价值时，公司在行业或细分市场中的竞争优势是一个非常重要的参考指标。即使某个行业的吸引力大，某个公司也不一定具有相同的吸引力，这至少要看公司处于行业平均值的上方还是下方。通常而言，我们可以说，高于行业平均水平则具有竞争优势，而低于行业平均水平则不具有竞争优势。然而，对于信息使用者而言，谈论公司的竞争优势，绝不能简单地用高于或低于行业水平来评判，而是应依据公司的价值驱动因素（如产品和服务质量、客户满意度和忠诚度、运营效率、雇员满意度和流动性等），更有针对性和应用价值地对公司竞争优势做出定量的评判。一个可供参考的方式是，先在某一行业内部找出高于行业平均水平的公司，这时我们只能说这些公司具有竞争优势。那么，如何从中挑出最具竞争优势的公司呢？我们可以运用定量分析的方法来实现。本质上，一个公司的竞争优势取决于它的价值驱动因素。

（二）竞争战略与财务预判

公司的盈利能力不仅受到行业结构的影响，还受到其在行业中对自身进行定位时所做出的战略选择的影响。根据波特的观点，竞争战略就是要在产业中建立一个可以防守的位置，使公司业绩能够超出竞争对手。竞战略主要关注两个问题。

第一，是以低成本为基础竞争，还是以质量或服务等成本之外的产品或服务差异为基础竞争？

第二，是与竞争对手在最热门的那一块市场面对面竞争，还是集中于一个市场空隙，满足于一个不那么热门但也盈利的细分市场？

对于竞争战略选择来说，第一个问题更为根本。因而，波特认为，尽管公司的经营战略多种多样，但一般性的竞争战略主要有两种：成本领先战略和差异化战略。

如果一个公司实施的所有经营活动的累计成本低于其竞争对手的成本，那么它具有成本优势。如果公司能够做到成本领先，那么只要其定价与竞争对手相同，就可以获得超额利润；反之，成本领先公司会迫使其竞争对手降低价格，并接受较低的收益水平或者退出该行业。成本优势的战略价值在于其持续性。若是公司的成本优势的来源是竞争对手难以模仿的，即通常人们所说的"不可复制"，那么成本优势的持续性就显示出来了。所以，实行成本领先战略的公司，对规模经济、产品设计、生产效率和成本控制水平的要求很高。通常，公司降低成本的路径是：优化企业规模，改善资源利用率，运用价值工程，提高与供应商的议价能力，强化管理，控制各项费用。

实行差异化战略的公司在行业中追求独一无二。当一个公司向其客户提供某种独特、有价值的产品而不仅仅是价格低廉时，它就把自己和其他竞争对手区别开了。为保持这种竞争优势，公司需要在超值产品和服务以及研发、技术和市场容量方面加大投资。但只要差异化取得成功，就可使公司弥补成本后获得溢价，以一定价格出售更多产品，或在季节性经济萧条来临时，有更多客户忠诚于其产品，从而获得利润。如果实现的溢价超过为使产品独特而追加的成本，则差异化就会带来更高的收益。

第四节　财务情况预判之会计调整

一、舞弊预警信号的识别

对公司财务报表的舞弊信号进行有效识别是注册会计师审计时所必备的一项基本技能。但信息使用者本身不是注册会计师，要求他们采取详细的审计程序去核实客户财务报表的公允性，既不现实也不符合成本效益原则，然而信息使用者对公司的财务状况又必须做出自己的独立判断。公司财务报告中的审计结论固然可以参考，但一定要对其保持审慎的态度。因此，信息使用者可以采取类似于注册会计师的审计技术，对公司披露的报表信息进行适当的分析判断，评价公司会计信息质量，并将可能存在的重要影响会计信息质量的危险因素予以消除，使公司财务报表尽量能够反映公司实际的经营状况。

那么，哪些报表项目或内容值得信息使用者重点关注呢？或者说，哪些关键的内容或项目值得信息使用者警觉，并采取审计技术进一步进行辨识呢？这里，我们可以借鉴审计职业界的已有成果，对一般情况下报表存在错报的高风险领域予以揭示。

复式簿记以它固有的平衡机制和对经济交易及事项来踪去迹无与伦比的解释能力，使我们往往能够从财务报表中发现财务舞弊的征兆。此外，人类喜欢炫耀、疏忽大意等固有的局限性，注定会让大多数舞弊留下蛛丝马迹。这些征兆和蛛丝马迹在会计记录和财务报表上的异常体现，就是财务舞弊学上的所谓预警信号。反观财务舞弊的大量实践证明，关注预警信号是发现和防范财务舞弊的捷径之一。

（一）舞弊预警信号的类别

舞弊的预警信号可分为六大类。

第一大类是会计异常。这类预警信号主要包括以下三个方面：

（1）原始凭证不合常规（如凭证缺失、银行调节表出现呆滞项目、过多空白、收款人或客户名称或地址过于普通、应收账款拖欠增加、调节项目增多、凭证篡改、付款雷同、支票二次背书、凭证号码顺序不合逻辑、凭证上字迹可疑、以凭证复印件取代原件）。

（2）会计分录存在瑕疵（如缺乏原始凭证支撑、对应收应付款、收入和费用进行未加解释的调整、会计分录借贷不平衡、会计分录由异常人员编制、临近会计期末编制的异常会计分录）。

（3）日记账不准确（如日记账不平衡、客户或供应商的个别账户合计数与控制账户不相符）。

第二大类是内部控制缺陷。此类的预警信号如下：

（1）缺乏职责划分。

（2）缺乏实物资产保护措施。

（3）缺乏独立核查。

（4）缺乏适当的文件和记录保管。

（5）逾越内部控制。

（6）会计系统薄弱。

第三大类是分析性异常。这类的预警信号主要包括以下几个方面：

（1）未加解释的存货短缺或调整。

（2）存货规格存在背离或废品激增。

（3）采购过度。

（4）借项或贷项通知繁多。

（5）账户余额大幅增减。

（6）资产实物数量异常。

（7）现金出现短缺或盈余。

（8）不合理的费用或报销。

（9）应注销的资产项目未及时确认且金额巨大。

（10）财务报表关系诡异（如收入增加而存货减少、收入增加而应收账款减少、收入增加而现金流量减少、存货增加而应付账款减少、在产量增加的情况下单位产品成本不降反增、产量增加而废品下降、存货增加而仓储成本下降）。

第四大类是奢侈生活方式。此类的预警信号如下：

（1）生活方式与收入水平不相称。

（2）豪华的生活方式引人注目（如购买豪宅、名车和名贵珠宝服饰，参加豪华旅游、豪赌等）。

（3）生活作风绯闻不断。

第五大类是异常行为。这类预警信号如下：

（1）失眠、酗酒、吸毒，易怒、猜疑、神经高度紧张。

（2）失去生活乐趣，在朋友、同事和家人面前表露出内疚之情。

（3）防御心理增强或动辄与人争执。

（4）对审计人员的询问过于敏感或富有挑衅性。

（5）过分热衷于推卸责任或寻找替罪羊。

第六大类是暗示与投诉。这是指公司内外部知情人以匿名或明示的方式，向公司管理当局、注册会计师或政府监管部门提供的舞弊检举线索。

在这六类预警信号中，前三类是关于财务报表舞弊的预警信号，后三类是关于识别腐败和挪用资产这两种舞弊的预警信号。信息使用者作为外部信息使用者应重点关注第三类预警信号，因为这类信号可以通过公司对外披露的财务信息所获取。

（二）我国审计职业界的舞弊预警信号

舞弊预警信号是指公司经营环境中可能存在故意错报的高风险征兆，

这些信号在一般审计业务中的作用是增加独立审计师对公司经营者产生舞弊动机的职业关注，提高其对财务报表舞弊风险的警觉。舞弊预警信号的存在并不表明舞弊一定发生，却是值得关注的重点领域。长期以来，我国审计职业界研究总结出了一大批认为能够显示财务报表舞弊的预警信号。

二、信息使用者应予重点关注的舞弊预警信号

中国注册会计师协会提示的 9 类 54 个因素是大量借鉴国际经验并结合我国的实际情况提出来的，它对于信息使用者判断公司是否存在财务报表舞弊也具有一定的借鉴意义。在信息使用者进行财务报表分析的实践中，如果从各种可能的渠道获得了存在上述风险因素的预警信号，信息使用者就应该谨慎地对待公司对外披露的财务报告，在可能和必要的前提下对报表数据做适当的调整，尽可能找出合理的解释，直至疑虑被消除。

（一）一般预警信号

许多信息使用者经常会产生这样的疑问：客户提供的财务报表看起来总是很"漂亮"，但总觉得心里不怎么踏实。计算常规的财务比率，得到的结果也很正常而满意，可就是觉得财务数据之间好像有点说不清楚的关系。等到投资发生损失的时候才恍然大悟。为此，我们应当特别关注以下四类财务报表舞弊的一般预警信号。

1. 财务结果和经营层面的预警信号

（1）报表项目余额和金额变动幅度异常惊人。

（2）收入和费用比例严重失调。

（3）期末发生的异常销售（尤其是对新客户的大额销售）。

（4）经营业绩与财务分析师的预测惊人接近。

（5）盈利质量与资产质量相互背离，如在报告大幅增长利润的同时，不良资产大量增加。

（6）净利润与经营活动产生的现金流量持续背离，如在连年报告净利润的同时，经营活动产生的现金流量持续入不敷出。

（7）主营业务不突出，或非经常性损益所占比重较大。

（8）公司毛利率水平比上年或比其他同行业公司大幅度提高。

（9）以成本利润率衡量的公司获利水平有较大提高。

（10）高度依赖于持续不断的再融资（包括增发、配股、发行债券等对外筹资的事项）才得以持续经营。

（11）前期"销售"在本期大量退货。

（12）公司的订单显著减少，预示未来销售收入下降。

（13）会计政策或会计估计发生变化，例如折旧由年数总和法改为直线法，但欠正当理由。

（14）不合乎商业逻辑的资产置换或发生售后回租等套换交易。

2. 组织结构和行业层面的预警信号

（1）组织机构过于复杂，难以识别公司的最终控制人或公司有意隐瞒。

（2）主要子公司或分支机构地域分布广泛，且缺乏有效的沟通和控制。

（3）董事会成员主要由内部执行董事或"灰色董事"组成。

（4）董事会的作用过于被动，受制于高级管理层。

（5）经济不景气、行业产能过剩，公司资产质量没有受到影响。如资产不计提或很少计提减值准备。

（6）所在行业处于成熟或衰退阶段。

（7）公司经营业绩与其所处行业地位不相称。

（8）与同行业的其他公司相比，获利能力过高或增长速度过快。

（9）市场需求急剧下降，行业一片萧条，而公司盈利状况一枝独秀。

（10）所在行业竞争加剧，经营失败与日俱增。

（11）所在行业技术进步迅猛，产品和技术具有很高的陈旧风险。

（12）所在行业对资产、负债、收入和成本的确认高度依赖于主观的估计和判断。

3. 关系层面的预警信号

（1）银企关系异常，频繁更换为之服务的金融机构。

（2）缺乏正当的商业理由，将主要银行账户、子公司或经营业务设置在避税天堂。

（3）向金融机构借入高风险的贷款并以关键资产作抵押。

（4）公司的经营模式缺乏独立性，主要通过关联方进行购销业务。

（5）经常在会计期末发生数额巨大的关联交易。

（6）当期的收入或利润主要来自罕见的重大关联交易。

（7）关联交易明显缺乏正当的商业理由。

（8）对关联方的应收或应付款居高不下。

（9）公司与其聘请的会计师事务所关系高度紧张或关系过于密切。

（10）频繁更换会计师事务所或拒绝更换信誉不佳的会计师事务所。

（11）频繁卷入诉讼。

（12）高级管理层与投资银行或证券分析师关系过于密切或紧张。

（13）高级管理层与证券监管机构关系紧张。

（14）高级管理人员或董事会成员在财务报告和信息披露方面受到证券监管机构的处罚或批评。

（15）与税务机关税务纠纷不断。

4. 管理层面的预警信号

（1）高级管理人员有舞弊或其他违反法律法规的不良记录。

（2）高级管理人员异常变动（尤其是分管财务的高管或主管会计频繁辞职或被调离）。

（3）高级管理人员或董事会成员离职率居高不下。

（4）高级管理人员处于盈利预期或其他财务预期的高压下。

（5）高级管理人员对不切实际的财务目标做出承诺。

（6）高级管理人员的报酬主要以财务业绩为基础（如奖金、股票期权和销售佣金）。

（7）高级管理人员的决策受制于债务契约，且违规成本高昂。

（8）高级管理层过多地介入专业性很强的会计政策选择、会计估计和会计判断。

（二）具体预警信号

从会计账务处理的角度看，财务报表舞弊主要表现为资产高估舞弊、负债和费用低估舞弊、销售收入高估舞弊、销售成本低估舞弊、报表附注披露舞弊等形式。

1. 资产高估舞弊的预警信号

（1）重大资产剥离。

（2）固定资产、在建工程和无形资产中包含了应当予以费用化的研究开发费用或广告促销费用。

（3）缺乏正当理由对固定资产进行评估并将评估增减值调整入账。

（4）频繁进行非货币性资产置换。

（5）期后事项分析表明，注销的资产价值大大超过以前年度计提的减值准备。

（6）固定资产和无形资产的折旧或摊销政策显失稳健。

（7）将亏损子公司排除在合并报表之外且缺乏正当理由。

（8）采用成本法反映亏损的被投资单位。

（9）经常将长期投资转让给关联方或与关联方置换。

（10）频繁与关联方发生经常性资产的买卖行为。

（11）公司的主要客户遭受严重经济压力，收回欠账有困难。

（12）存货大量增加超过销售所需，尤其是高科技产业的产品可能过时。

（13）内部控制报告显示，重大资产的购置或处置未经恰当的授权批准程序，未建立有效的固定资产盘点制度。

2. 负债和费用低估舞弊的预警信号

（1）采购金额、数量和条件与分析人员了解到供应链上的情况存在重大差异。

（2）期后事项分析表明，在下一会计期间支付的金额属于资产负债表日已存在的负债，但未加以记录。

（3）有贷款但没有相应的利息支出，或有利息支出但未发现贷款。

（4）有租赁办公场所，但没有相应的租金支出，或有租金支出，但没有租赁负债。

（5）在会计期末发生了增加销售收入、减少预收货款的重分类业务。

（6）产品担保支出大大超过担保负债。

（7）公司与客户签订有回购协议。

（8）监管部门的公函或媒体报道公司可能存在重大违法违规行为，但公司既未确认或有负债，也未有附注披露。

（9）公司设立了众多的特殊目的实体，且资金往来频繁。

（10）公司与关联方的资金往来频繁，委托付款或委托收款现象突出。

（11）在收购兼并过程中未预提重组负债和重组费用。

3. 销售收入高估舞弊预警信号

（1）应收账款的增幅明显高于收入的增幅。

（2）对外报告的收入太高、销售退回和销售折扣过低、坏账准备的计提明显不足。

（3）在对外报告的收入中，已收回现金的比例明显偏低。

（4）在经营规模不断扩大的情况下，存货呈急剧下降趋势。

（5）当期确认的应收账款坏账准备占过去几年销售收入的比重明显偏高。

（6）本期发生的退货占前期销售收入的比重明显偏高。

（7）销售收入与经营活动产生的现金流入呈背离趋势。

（8）最后时刻的收入调整极大地改善了当期的经营业绩。

（9）内部控制报告中显示高级管理层有可能逾越销售交易循环的内部控制，新客户、异常客户或大客户未遵循惯常的客户审批程序。

4. 销售成本低估舞弊的预警信号

（1）期末存货余额太高或增幅太大。

（2）对外报告的销售成本太低、降幅太大、购买退回和购货折扣太高。

（3）期末的存货和销售成本调整对当期的经营成果产生重大影响。

（4）相关报告（如审计报告等）显示，存货盘点数与存货记录数存在系统性差异，或存货盘点数量巨大。

（5）新出现了以前未了解到的存货供应商，或供应商的身份难以通过正常渠道予以证实。

（6）内部控制报告显示，与存货和销售成本相关的交易没有完整和及时地加以记录或者在交易金额、会计期间和分类方面记录明显不当，记录的存货和销售成本缺乏凭证支持或与之相关的交易未获恰当授权。

（7）内部控制报告显示，高级管理层可能逾越与存货和销售成本循环的内部控制，新的或异常的供货商未遵循正常的审批程序，存货实物盘点制度薄弱等。

5. 报表附注披露舞弊的预警信号

（1）因信息披露原因受到证券监管部门或证券交易所的处罚或警告。

（2）披露程度历来只达到监管部门的最低要求，鲜有额外的自愿性披露。

（3）会计政策披露晦涩难懂。

（4）对重大经营和非经营损失的解释有避重就轻之嫌。

（5）对收购兼并或有事项等重大事项的披露过于简明扼要。

（6）财务信息的披露与经营活动的总结相互矛盾。

（7）财务信息的披露与公司的对外宣传或新闻媒体的相关报道存在严重不一致现象。

（8）财务信息披露与董事会会议记录存在重大差异。

三、评价关键会计政策和会计估计

（一）会计估计

会计估计是指公司对结果不确定的交易或者事项以最近可利用的信息为基础所做出的判断。为了定期、及时地提供有用的会计信息，需将企业持续不断的营业活动（经济业务）划分为各个阶段，如年度、季度、月度，并在权责发生制的基础上对企业的财务状况和经营成果进行当期确认、计量和报告，这样就必须进行会计估计。合理地进行会计估计，不仅有助于企业为会计信息使用者编制出客观、公允的财务报表，也有助于企业管理当局了解企业的真实情况，继而做出正确的经营决策。会计估计的判断，一般应当考虑与会计估计相关项目的性质和金额。通常情况下，下列情况属于会计估计。

（1）存货可变现净值的确定。

（2）采用公允价值模式下的投资性房地产公允价值的确定。

（3）固定资产的预计使用寿命与净残值、固定资产的折旧方法、弃置费用的确定。

（4）消耗性生物资产可变现净值的确定、生物资产的预计使用寿命、预计净残值和折旧方法。

（5）使用寿命有限的无形资产的预计使用寿命、残值、摊销方法。

（6）非货币性资产公允价值的确定。

（7）固定资产、无形资产、长期股权投资等非流动资产可回收金额的确定。

（8）职工薪酬金额的确定。

（9）与股份支付相关的公允价值的确定。

（10）与债务重组相关的公允价值的确定。

（11）预计负债金额的确定。

（12）收入金额的确定，提供劳务完工进度的确定。

（13）建造合同完工进度的确定。

（14）与政府补助相关的公允价值的确定。

（15）一般借款资本化金额的确定。

（16）应纳税暂时性差异和可抵扣暂时性差异的确定。

（17）与非同一控制下的公司合并相关的公允价值的确定。

（18）租赁资产公允价值的确定、最低租赁付款额现值的确定、承租人融资租赁折现率的确定、融资费用和融资收入的确定和未担保余值的确定。

（19）与金融工具相关的公允价值的确定、摊余成本的确定和金融资产减值损失的确定。

（20）继续涉入所转移金融资产程度的确定、金融资产所有权风险和报酬转移程度的确定。

（21）套期工具和被套期项目公允价值的确定。

（22）保险合同准备金的计算及充足性测试。

（23）探明矿区权益、矿井及相关设施的折旧计提方法，与油气开采活动相关的辅助设备及设施的折旧方法，弃置费用的确定。

由会计估计的性质可以看出，虽然会计估计也由会计准则进行规范，但既然是估计就免不了太多的人为成分在内，所以对于会计估计，特别是对公司有重要影响的会计估计，需要信息使用者重点关注。

（二）会计政策

会计政策是指公司在会计确认、计量和报告中所采用的原则、基础和会计处理方法。其中，原则是指按照企业会计准则规定的、适合于公司会计核算所采用的具体会计原则。基础是指为了将会计原则应用于交易或者事项而采用的基础，主要是计量基础（即计量属性），包括历史成本、重置成本、可变现净值、现值和公允价值等。会计处理方法是指按照会计原则和基础的要求，由公司在会计核算中按照法律、行政法规或者国家统一的会计准则制度等规定采用或者选择的适合于本公司的具体会计处理方法。会计原则、基础和会计处理方法三者之间是一个具有逻辑性、密不可分、相互关联的有机整体。

对会计政策的判断通常应当考虑从会计要素角度出发，根据各项资产、负债、所有者权益、收入、费用等会计确认条件、计量属性以及相关的处理方法、列报要求等进行。

比如，在资产方面，存货的取得、发出和期末计价的处理方法，长期股权投资的取得及后续计量中的成本法和权益法，投资性房地产的确认及后续计量模式，固定资产、无形资产的确认条件及其减值政策、金融资产的分类等，属于资产要素的会计政策。

在负债方面，借款费用资本化的条件、债务重组的确认和计量、预计负债的确认条件、应付职工薪酬和股份支付的确认和计量、金融负债的分类等，属于负债要素的会计政策。

在所有者权益方面，权益工具的确认和计量、混合金融工具的分析等，属于所有者权益要素的会计政策。

在收入方面，商品销售收入和提供劳务的确认条件、建造合同、租赁合同、保险合同、贷款合同等合同收入的确认与计量方法，属于收入要素的会计政策。

在费用方面，商品销售成本及劳务成本的结转、期间费用的划分等，属于费用要素的会计政策。

除会计要素相关会计政策外，财务报表列报方面所涉及的编制现金流量表的直接法和间接法、合并财务报表合并范围的判断、分部报告中报告分部的确定，也属于会计政策。

在我国，会计准则属于法规，会计政策所包括的具体会计原则、基础和具体会计处理方法由会计准则规定。公司基本上是在法规所允许的范围内选择适合本公司实际情况的会计政策。所以，会计政策具有强制性的特点。

当然，由于会计准则的不完备性，留下了很大的弹性空间，公司可以自己发挥，从这个意义上讲，会计政策又具有一定的自主性。

一般地，对会计确认的指定或选择、对计量基础的指定或选择、对列报项目的指定或选择是会计政策；而根据会计确认、计量基础和列报项目所选择的，为取得与该项目有关的金额或数值所采用的处理方法是会计估计。

（三）辨认和评价关键会计估计和会计政策

通过财务情况预判之宏观环境分析，已经对公司经营所处的经营环境、行业特点与趋势、竞争优势和经营战略进行了详细了解，这些因素决定了公司创造价值的源泉和所面临的主要风险。依此基础，有助于公司财务状况的现状和未来发展形成一个基本的判断。因此，公司财务报表中反映这些因素和风险的项目就自然成为财务报表分析的重点关注内容。这样，首要的工作就是对公司用于衡量其价值和风险的会计政策及估计进行确认和评价。同时，通过对会计政策的确认和评价，还可以提高公司财务报表的相关性和可靠性，以及同一公司不同期间和同一期间不同公司的财务报表可比性。

四、对财务报表舞弊的识别与会计调整

在了解了公司财务报表舞弊的预警信号的基础上，信息使用者应该尽可能通过各种渠道获取信息，充分判断公司财务报表的可信度，并以此为契机，辨识和评价公司的会计估计和会计政策的合理性。当信息使用者依循可疑预警信号或异常的财务关系，进一步调查之后，确认公司的会计处理有所偏颇，会计估计和会计政策的选择不切合实际时，在财务分析之前，对公司的财务报表进行必要的会计调整，从而消除不良因素对报表数据的影响就成为必然。

（一）财务报表中利润舞弊的识别与会计调整

公司管理者出于各种目的，在对外提供财务会计报告时，往往采用各种方法粉饰会计报表。在粉饰会计报表的各种方法中，虚增利润，或者高估资产，或者低估负债是较为常用的方法。信息使用者应学会运用前述财务报表舞弊的预警信号，识别以下五种虚增利润行为并进行会计调整。

1. 利用虚拟资产调节

利润的识别与调整资产是指能够带来未来经济利益的经济资源。由于会计中普遍采用权责发生制核算损益，因此将一些已经实际发生的费用作为长期待摊费用、待处理资产损失等项目列入资产负债表的资产方。而这些项目严格来说是不能为企业带来未来经济利益的，不是企业真实的资产，只是一种虚拟的资产。这种资产的存在，为企业操纵利润提供了一个费用和损失的"蓄水池"，企业可以通过递延摊销、少摊销或不摊销已经发生的费用和损失从而增加利润，即通过增加不良资产来虚增利润。制造虚盈实亏的借口较多，如权责发生制、收入与成本配比原则、地方财政部门批示、不负责的中介审计等。

采用这类方法虚增利润，其共同的特点是虚拟资产"多记少摊"。信息

使用者应注意会计报表附注中关于虚拟资产确认和摊销的会计政策，特别注意本年度增加较大和未予正常摊销的项目。如发现人为操纵，应在减计资产负债表中资产的同时，将资产减少的金额同时增计利润表中相应的成本费用项目的金额，从而减少利润总额，并相应减少所得税费用的金额，最后调整净利润。

2. 利用应收和应付调节利润的识别和调整

企业应收、应付款项可分为两大类：一类是与销售货物和采购货物相关的应收、应付款项，包括应收账款、预收账款、应付账款、预付账款等；另一类是与销售货物和采购货物无关的应收、应付款项，包括其他应收款和其他应付款等。设置与销售和采购相关的应收、应付款项，是为了满足权责发生制条件下的计算和反映相应债权、债务往来的需要；设置与销售和采购无关的应收、应付款项，则是为了反映与销售和采购无关的非经常性或小额的债权、债务往来的需要。由于这些项目的存在，给企业操纵利润提供了方便，因此，需要对它们进行分析和调整。

把应收账款作为调节营业收入的工具早就被广泛使用。如在本年底虚开发票，同时增加应收账款和营业收入，到次年又以诸如质量不符合要求等名义将其冲回，使本年营业收入虚增。因此，在识别和调整应收账款虚增利润时，应注意剔除异常波动的营业收入中的应收款项，尤其在年末的账务处理中，更是重中之重。

3. 利用资产减值准备操纵利润的识别和调整

资产减值，是指资产的可收回金额低于其账面价值。当前世界各国有关资产减值的会计准则中，对于资产减值损失的确认，主要有三种标准，即永久性标准、可能性标准和经济标准。在永久性标准下，减值损失应是永久性的，而不应是暂时性的。在可能性标准下，资产如果很可能发生减值，则应确认减值损失。在经济标准下，企业应对资产进行不间断的评估，只要资产的可收回金额低于其账面价值，就应确认减值损失。从对《企业会计准则第 8 号——资产减值》的分析来看，我国对资产损失的确认与计量，比较认同经济标准。但是，"进行不间断的评估，只要资产的可收回金额低于其账面价值"，就给会计师们操纵会计利润留下了广阔的想象空间。这种现象在国有企业中比较普遍，为了粉饰经营业绩，对于一些本来已闲置的固定资产，已不能生产出合格产品的机器设备，预期不能给企业带来经济利益的无形资产，少确认减值损失，甚至不确认损失，虚增企业利润。

识别这种操纵利润的方法相对较难，主要可以从会计报表附注中与资产减值的披露信息中发现一些信息。掌握了这些信息，就可调减这部分人为虚增的利润和相应的净资产。

4. 利用关联方交易调节利润的识别与调整

利用关联方交易虚增利润的方式有多种，可以利用产品和原材料的转移价格调节收入和成本，也可以利用技术服务调增服务费收入，利用高回报率的受托经营方式虚增业绩，利用关联方借贷利率差异降低财务费用，利用管理费、共同费用分摊等方式调节利润。

上述调节利润的方法，除转移价格和共同管理费用分摊之外，其余所产生的利润基本上都体现在"其他业务利润""投资收益""营业外收入""财务费用"等具体项目中，其识别相对容易。步骤如下：

一是计算各项目中关联方交易产生的盈利分别占项目总额的百分比和这些项目占企业利润总额的百分比，判断企业盈利能力对关联方企业的依赖程度。

二是分析这些关联交易的必要性和公正性。例如交易价格是否以市场的公平交易为基础，交易的市场价格是否存在非公允的方面，控制方对被控制方的强制的内部销售价格等。

三是将非必要和欠公正的关联方交易所产生的利润，从企业利润总额中剔除，以反映这些项目的正常状况。

5. 利用成本结转调节利润的识别与调整

成本结转是企业调增利润最常用的手段之一，其目的不外乎是希望通过提升企业业绩水平来获取本不能获得的经济利益。采用的方法主要是推迟结转成本法。推迟结转成本法大多应用于企业估计年度利润达不到预定目标的情况下，为了达到利润目标就把本年度应结转的成本推迟到下一会计年度结转。当然，较为隐蔽的方法是少结转成本，即通常所说的"高留低转"。

要识别其舞弊行为也不难，可通过比较资产负债表中的存货项目的年初数与期末数，利润表中的主营业务成本项目本年累计数与上年同期数，以及产品成本表中的产品单位成本项目的本年数与上年同期数，以及这些项目的逐月变化趋势来发现异常情况。尤其是通过计算期初、期末存货中产品或商品的库存金额与库存数量的相对数，比较其差异，更容易发现问题。如果这种相对数差异过大，并且不是因为市场需求过剩的原因，则有操纵利润之嫌，需要调整期末存货中与年初数比较差额较大的项目，增加其主营业务成本，进而调减其虚增的利润。信息使用者在进行上述会计调整时需要注意的是区分两个基本概念："报表项目"和"会计科目"。报表项目，顾名思义指的就是公司对外披露的会计报表中的项目，它是由企业会计准则统一规定了名称和内涵的。而会计科目是按照经济业务的内容和经济管理的要求，对会计要素的具体内容进行分类核算的科目，企业可以采用准则中现有的会计科目，也可以根据自身的实际情况自行设置会计科目。信息使用者的会计调整不是公司会计人员对会计凭证或会计账簿本身的调整。因此，不是运用会计科目进行的调整，不需要编制会计分录，并采用专门的技术和步骤进行会计处理。信息使用者只需要将自己分析出来的影响数调整相关的报表项目即可。

（二）利用会计估计和会计政策的舞弊识别和会计调整

由于会计估计和会计政策的某些规定具有一定的灵活性，使得公司在会计估计和会计政策的选择上具有一定的灵活处理空间。一些公司正是看到了这个漏洞，利用会计估计和会计政策的变更来调节利润，甚至进行会计舞弊。例如，存货计价方法、固定资产折旧方法等，这些变更不仅影响到企业当期的会计利润，甚至会影响到企业未来的收益。

1. 混淆会计政策与会计估计的舞弊识别与会计调整

我国会计准则规定，会计政策变更可以采用"追溯调整法"，但是会计估计变更只能采用"未来适用法"。有些公司为了虚增以前年度利润指标，进而美化会计报表，故意混淆会计估计和会计政策的界限，对会计估计变更进行追溯调整。信息使用者在发现这类舞弊行为之后，有必要进行回溯调整，以达到财务分析客观准确的要求。

2. 无正当理由随意变更公司前后几年会计估计和会计政策的识别与会计调整

公司据以进行估计的基础发生了变化，或者由于取得新信息、积累更多经验以及后来的发展变化，可以对会计估计进行修订，但会计估计变更的依据应当真实、可靠。同样，公司采用的会计政策，在每一会计期间和前后各期都应当保持一致，除非法律、行政法规或者国家统一的会计准则制度等要求变更，或者会计政策变更能够提供更可靠、更相关的会计信息，否则不能随意变更。随意变更会计估计或会计政策，将导致公司会计信息失去可比性。

（三）为达到与其他公司财务数据的可比性进行的会计调整

会计准则赋予公司对会计政策一定的选择权，在准则允许范围内，公司可以自行确定自己的具体会计政策。这样可能导致的一个问题是，同一行业的不同公司可能采用了不同的会计政策，从而导致相互可比性降低。

　　在某些情况下，公司的会计处理既不存在舞弊问题，也符合会计准则的要求，但若是同行业其他公司，特别是那些标杆公司或者与被分析公司有竞争的公司，对某些会计事项的处理采用了另一种会计估计或会计政策，这时对被分析公司的会计处理一般也应做出适当调整，以与之看齐，便于分析和对比。而公司自身的会计估计或会计政策若在分析的年度视野内发生了重大调整，也应予以调整，以便于对公司连续几年的情况进行对比分析。

第三章

事业单位财务会计基础

第一节　政府会计改革概述

政府会计是指用于确认、计量、记录和报告各级政府、各部门、各单位财务收支活动及其受托责任的履行情况的会计体系。它是以货币为主要计量单位，对各政府会计主体财政资金的活动过程和结果进行全面、系统、连续地反映和监督，以加强预算、财务管理，提高资金使用效果的一门专业会计。长期以来，我国政府领域实施的主要是以收付实现制为基础的预算会计，并不是真正意义上的政府会计。新的政府会计制度自 2019 年 1 月 1 日起在我国各级各类行政事业单位（以下简称单位）全面实施，昭示政府会计改革的开始，对规范政府会计行为，夯实政府会计主体预算和财务管理基础，强化政府绩效管理具有深远影响；对我国建立现代财政制度、建设法治政府、提升国家治理体系和治理能力的现代化都有重要意义。

一、政府会计改革的背景和意义

（一）政府会计改革的背景

我国之前的政府预算会计制度体系基本形成于 1998 年，包括《财政总预算会计制度》《行政单位会计制度》《事业单位会计制度》《医院会计制度》《基层医疗卫生机构会计制度》《高等学校会计制度》《中小学校会计制度》《科学事业单位会计制度》《彩票机构会计制度》《地质勘查单位会计制度》《测绘事业单位会计制度》《国有林场与苗圃会计制度（暂行）》《国有建设单位会计制度》等制度。2010 年以来，财政部为适应公共财政管理的需要，先后对上述部分会计标准进行了修订，出台了各个行业的行政事业单位会计制度，基本满足了当时部门预算管理的需要，在财政资金的运行管理和宏观经济决策方面发挥了重要的基础性作用。然而，这是一种主要以收付实现制为基础的预算会计，并不是真正意义上的政府会计。随着我国政府职能转变和公共财政体制的建立和完善，这种政府预算会计制度体系的缺陷逐渐显现，难以适应新形势的需要，主要表现在以下方面。

（1）不能如实反映政府"家底"。以收付实现制为基础的预算会计因其核算内容较窄，导致我国政府会计改革之前实行的预算会计制度不能够将政府各项业务活动所形成的财政资源和财政责任都纳入会计核算、监督和报告范围，即不能如实反映政府"家底"。例如，传统的总预算会计制度中，将所有对外权益性投资作为预算支出处理，没有进行投资资产的核算；对于政府投资的公共基础设施和保障性住房等项目，并未纳入行政事业单位会计账簿核算，最终未能在政府资产负债表中反映；对于许多已经发生的、需要在以后期间支付的现时义务并没有将其确认为政府负债。

（2）不能客观反映政府运行成本。在政府会计改革之前的预算会计体系下，每一会计期间的收入支出表是以收付实现制为基础来列报每期收入和支出的，因此，每期所列报的收入与当期实际实现的收入往往有一定差距，而每期所列报的支出与当前实际发生的费用也相差甚远。例如，本期发生的购建固定资产等资本性支出，因使多个期间受益，按照权责发生制原则应均衡分配为各期间的费用，但收付实现制度将其全部列报为当期支出；本期产生资源耗费，发生支付责任但本期没有实际支付的支出，权责发生制下应归属于本期的费用，但收付实现制度并不将其列报为当期支出。这些造成了主体基于实际资源耗费的成本水平得不到客观反映。由于缺乏公共产品的成本核算，收入与支出的比较既不能反映政府或者行政事业单位的成本控制情况和投入产出情况，也不能反映政府或者行政事业单位实际的运营绩效和效率；收入减去支出后的结余既不能反映政府真正可动用的资源，也不能反映政府财政的可持续情况。

（3）缺乏统一规范的会计标准。政府会计改革前的我国预算会计体系构成复杂，涉及的制度、办法、规定，种类繁多、条块分割、口径各异，相互之间核算标准不统一，缺乏有机内在衔接，不能全面、准确、及时地核算反映政府性资金和资源的整体运行状况，也难以对政府性资金和资产使用的全过程进行有效监督，一定程度上造成政府性资金和资源使用中行为不规范、效益不高等问题。另外，各预算会计制度之间的相互分割也造成难以形成有关各级政府整体资产负债、运营业绩、预算收支执行等情况的综合财务报告和披露制度。

近年来，全国人大、理论界和实务界专家等纷纷呼吁，要求加快推进政府会计改革，建立能够真实反映政府资产负债等"家底"，成本费用等绩效及预算执行情况的政府会计体系。2006 年，我国《国民经济和社会发展"十一五"规划纲要》提出，要"推进政府会计改革"；2011 年，"十二五"规划纲要再次提出，要"进一步推进政府会计改革，逐步建立政府财务报告制度"；2013 年，中共中央、国务院印发的《党政机关厉行节约反对浪费条例》也明确要求，"推进政府会计改革，进一步健全会计制度，准确核算机关运行经费，全面反映行政成本"；党的十八届三中全会通过的《中共中央关于全面深化改革若干重大问题的决定》提出了"建立权责发生制的政府综合财务报告制度"的重要战略部署；新修订的《预算法》对各级政府提出按年度编制以权责发生制为基础的政府综合财务报告的新要求；《国务院关于加强地方政府性债务管理的意见》（国发〔2014〕43 号）、《国务院关于深化预算管理制度改革的决定》（国发〔2014〕45 号）均明确提出要建立权责发生制政府综合财务报告制度。权责发生制政府综合财务报告制度改革是基于政府会计规则的重大改革，上述法规政策的相关要求充分体现了新时期政府会计改革的必要性和紧迫性，也体现了政府会计改革在加强公共资金管理，推进国家治理体系和治理能力现代化中的重要作用。

（二）政府会计改革的意义

财政是国家治理的基础和重要支柱，政府会计是财政工作的重要组成部分。党的十八届三中全会作出了全面深化改革的重大决策部署，提出了深化财税体制改革、建立现代财政制度的明确要求；党的十九大进一步提出加快建立现代财政制度。推进政府会计改革是深化财税体制改革、建立现代财政制度的一项重要内容。全面推进政府会计改革，对于建立现代财政制度、建设法治政府、提升国家治理体系和治理能力的现代化都有重要意义。

（1）推进政府会计改革，是建立现代财政制度的迫切需要。财政是国家治理的基础和重要支柱，政府会计是财政管理的一项重要的基础性工作。通过政府会计改革，在政府领域引入权责发生制理念，在权责发生制下，对资产、负债等会计要素的概念、信息质量特征，都做出重新界定，提出新的要求，从而保证政府资产、负债等信息得以如实记录和完整反映，有利于全面反映政府财务状况、财政能力和财政责任，有利于进一步加强政府的资产管理和债务风险控制，有利于健全预算管理基础，对于建立全面规范、公开透明的现代预算制度，促进财政可持续发展，具有重要的基础性作用。

（2）推进政府会计改革，是建设法治政府的内在要求。通过政府会计改革，在政府综合财务报告中引入成本、绩效等要素，能够合理归集、反映政府的运行费用和履职成本，科学评价政府、部门、单位等耗费公共资源、成本边际等情况，有利于建立并有效实施预算绩效评价制度，有利于合理界定中央与地方政府间的财政关系，有利于科学评价政府履行责任情况和更好接受公众监督，从而为政府依法理财、依法履行职责奠定基础。

（3）推进政府会计改革，是提升国家治理体系和治理能力现代化的重要基础。通过政府会计改革，建立健全政府财务报告体系、政府财务报告审计和公开机制，能够全面、清晰地反映政府预算执行信息和财务状况，满足权力机关、社会公众等对政府财政财务信息全面性、准确性和及时性的需求，并为制定财政中长期规划、国民经济和社会发展中长期规划以及国家相关宏观政策提供依据，从而有利于改进和加强财政管理，进一步规范政府行为和提高政府决策能力，促进国家治理体系和治理能力的现代化。

二、政府会计标准体系

（一）政府会计标准体系的内容

为了将党的十八届三中全会关于"建立权责发生制的政府综合财务报告制度"的战略部署、新预算法关于"各级政府财政部门应当按年度编制以权责发生制为基础的政府综合财务报告"的规定以及国务院有关文件要求落到实处，2014 年 12 月 12 日，国务院批准发布《权责发生制政府综合财务报告制度改革方案》（国发〔2014〕63 号，以下简称《改革方案》）。《改革方案》是规划指导新时期政府会计改革顶层设计的纲领性文件，提出政府会计改革的总体目标是通过构建统一、科学、规范的政府会计准则体系，建立健全政府财务报告编制办法，适度分离政府财务会计与预算会计、政府财务报告与决算报告功能，全面、清晰反映政府财务信息和预算执行信息，为开展政府信用评级、加强资产负债管理、改进政府绩效监督考核、防范财政风险等提供支持，促进政府财务管理水平提高和财政经济可持续发展。

根据《改革方案》，我国的政府会计标准体系由政府会计准则体系、政府会计制度等组成。政府会计准则体系包括基本准则、具体准则及应用指南。政府会计准则和政府会计制度相互补充，共同规范政府会计主体的会计核算，保证会计信息质量。

1. 政府会计基本准则

政府会计基本准则用于规范政府会计目标、政府会计主体、政府会计信息质量要求、政府会计核算基础，以及政府会计要素定义、确认和计量原则、列报要求等原则事项。基本准则属于"概念框架"，指导具体准则和制度的制定，并为政府会计实务问题提供处理原则。

2015 年 10 月 23 日，中华人民共和国财政部令第 78 号公布《政府会计准则——基本准则》（以下简称《基本准则》），自 2017 年 1 月 1 日起施行。《基本准则》共六章 62 条。

第一章为总则，规定了立法目的和制定依据、适用范围、政府会计体系与核算基础、基本准则定位、报告目标和使用者、会计基本假设和记账方法等。

第二章为政府会计信息质量要求，明确了政府会计信息应当满足的 7 个方面质量要求，即可靠性、全面性、相关性、及时性、可比性、可理解性和实质重于形式。

第三章为政府预算会计要素，规定了预算收入、预算支出和预算结余 3 个预算会计要素的定义、确认和计量标准，以及列示要求。

第四章为政府财务会计要素，规定了资产、负债、净资产、收入和费用 5 个财务会计要素的定义、确认标准、计量属性和列示要求。

第五章为政府决算报告和财务报告，规定了决算报告、财务报告和财务报表的定义、主要内容和构成。

第六章为附则，规定了相关基本概念的定义，明确了施行日期。

2. 政府会计具体准则及应用指南

政府会计具体准则依据《基本准则》制定，用于规范政府发生的经济业务或事项的会计处理原则，详细规定经济业务或事项引起的会计要素变动的确认、计量、记录和报告。应用指南是对具体准则的实际应用作出的操作性规定。

为了适应权责发生制政府综合财务报告制度改革需要，规范政府会计核算，规范政府会计调整的确认、计量和相关信息的披露，规范政府财务报表的编制和列报，规范政府方对政府和社会资本合作项目合同的确认、计量和相关信息的列报，提高会计信息质量，根据《基本准则》，财政部相继出台了存货、投资、固定资产等政府会计具体准则及应用指南。

财政部于 2016 年 7 月 6 日制定发布了《政府会计准则第 1 号——存货》

《政府会计准则第 2 号——投资》《政府会计准则第 3 号——固定资产》和《政府会计准则第 4 号——无形资产》（财会〔2016〕12 号），自 2017 年 1 月 1 日起施行。财政部于 2017 年 2 月 21 日制定发布了《〈政府会计准则第 3 号——固定资产〉应用指南》（财会〔2017〕4 号），与《政府会计准则第 3 号——固定资产》同步实施。财政部于 2017 年 4 月 17 日制定发布了《政府会计准则第 5 号——公共基础设施》（财会〔2017〕11 号），自 2018 年 1 月 1 日起施行。财政部于 2017 年 7 月 28 日制定发布了《政府会计准则第 6 号——政府储备物资》（财会〔2017〕23 号），自 2018 年 1 月 1 日起施行。财政部于 2018 年 10 月 21 日制定发布了《政府会计准则第 7 号——会计调整》（财会〔2018〕28 号），自 2019 年 1 月 1 日起施行。财政部于 2018 年 11 月 9 日制定发布了《政府会计准则第 8 号——负债》（财会〔2018〕31 号），自 2019 年 1 月 1 日起施行。财政部于 2018 年 12 月 26 日制定发布了《政府会计准则第 9 号——财务报表编制和列报》（财会〔2018〕37 号），自 2019 年 1 月 1 日起施行。财政部于 2019 年 12 月 17 日制定发布了《政府会计准则第 10 号——政府和社会资本合作项目合同》（财会〔2019〕23 号），自 2021 年 1 月 1 日起施行。

3. 政府会计制度

政府会计制度依据《基本准则》制定，主要规定政府会计科目及账务处理、报表体系及编制说明等，便于会计人员进行日常核算。按照政府会计主体不同，政府会计制度主要由政府财政会计制度和政府单位会计制度组成。2015 年 10 月 23 日，财政部修订发布了《财政总预算会计制度》（财库〔2015〕192 号），自 2016 年 1 月 1 日起施行，本制度适用于中央，省、自治区、直辖市，设区的市、自治州，县、自治县、不设区的市、市辖区，乡、民族乡、镇等各级政府财政部门的总会计。2017 年 10 月 24 日，财政部制定发布了《政府会计制度——行政事业单位会计科目和报表》（财会〔2017〕25 号，以下简称《政府会计制度》），自 2019 年 1 月 1 日起施行，鼓励行政事业单位提前执行，本制度适用于各级各类行政单位和事业单位。纳入企业财务管理体系执行企业会计准则和小企业会计准则的单位，不执行本制度。本制度尚未规范的有关行业事业单位的特殊经济业务或事项的会计处理，由财政部另行规定。这是政府会计改革工作取得的又一项重要成果，标志着具有中国特色的政府会计标准体系初步建成，在我国政府会计发展进程中具有划时代的里程碑意义。行政事业单位应当根据政府会计准则（包括基本准则和具体准则）规定的原则和《政府会计制度》的要求，对其发生的各项经济业务或事项进行会计核算。

《政府会计制度》由正文和附录组成。正文包括五部分内容。

第一部分为总说明，主要规范《政府会计制度》的制定依据、适用范围、会计核算模式、会计要素、会计科目设置要求、报表编制要求、会计信息化工作要求、施行日期等内容。

第二部分为会计科目名称和编号，主要列出了财务会计和预算会计两类科目表，共计 103 个一级会计科目，其中，财务会计下有资产、负债、净资产、收入和费用五个要素共 77 个一级科目，预算会计下有预算收入、预算支出和预算结余三个要素共 26 个一级科目。

第三部分为会计科目使用说明，主要对 103 个一级会计科目的核算内容、明细核算要求、主要账务处理等进行详细规定。本部分内容是《政府会计制度》的核心内容。

第四部分为报表格式，主要规定财务报表和预算会计报表的格式，其中，财务报表包括资产负债、收入费用表、净资产变动表、现金流量表及报表附注，预算会计报表包括预算收入支出表、预算结转结余变动表和财政拨款预算收入支出表。

第五部分为报表编制说明，主要规定了第四部分列出的 7 张报表的编制说明，以及报表附注应披露的内容。

附录为主要业务和事项账务处理举例。本部分采用列表方式，以《政府会计制度》第三部分规定的会计科目使用说明为依据，按照会计科目顺序对单位通用业务或共性业务和事项的账务处理进行举例说明。

《政府会计制度》的制定出台，是财政部全面贯彻落实党的十八届三中全会精神和《改革方案》的重要成果，是服务全面深化财税体制改革的重要举措，对于提高政府会计信息质量、提升行政事业单位财务和预算管理水平、全面实施绩效管理、建立现代财政制度具有重要的政策支撑作用，在我国政府会计发展进程中具有划时代的重要意义。

另外，国家行政事业单位的经济业务各不相同，在执行会计制度时，部分特殊业务并不能完全体现在《政府会计制度》中，因此，为了确保《政府会计制度》在各类行政事业单位的有效贯彻实施，规范医院、高等学校、科学事业单位等行业事业单位特殊经济业务或事项的会计核算，确保新旧制度顺利过渡，需要结合行业单位实际情况，对《政府会计制度》做出必要补充。财政部于 2018 年 2 月 1 日发布了《关于印发〈政府会计制度——行政事业单位会计科目和报表〉与〈行政单位会计制度〉〈事业单位会计制度〉有关衔接问题处理规定的通知》（财会〔2018〕3 号），后又印发了国有林场和苗圃、测绘事业单位、地质勘查事业单位、高等学校、中小学校、医院、基层医疗卫生机构、科学事业单位、彩票机构等 9 类行业事业单位执行《政府会计制度》的补充规定和衔接规定，2018 年 12 月 6 日印发了《关于进一步做好政府会计准则制度新旧衔接和加强行政事业单位资产核算的通知》（财会〔2018〕34 号）。

（二）政府会计标准体系的适用范围

政府会计适用于各级政府、各部门、各单位。各级政府指各级政府财政部门，具体负责财政总（预算）会计的核算。各部门、各单位是指与本级政府财政部门直接或间接发生预算拨款关系的国家机关、军队、政党组织、社会团体、事业单位和其他单位，军队、已纳入企业财务管理体系的单位和执行《民间非营利组织会计制度》的社会团体，不包括在内。单位对基本建设投资应当按照《政府会计制度》规定统一进行会计核算，不再单独建账，但是应当按项目单独核算，并保证项目资料完整。

　　未纳入部门预决算管理范围的事业单位，可以不执行《政府会计制度》中的预算会计内容，只执行财务会计内容。原参照执行《中小学校会计制度》《高等学校会计制度》《医院会计制度》《基层医疗卫生机构会计制度》等行业事业单位会计制度的非政府会计主体，可参照执行新制度。原执行《工会会计制度》的各级工会组织，暂不执行政府会计准则制度，继续执行《工会会计制度》。属于政府会计准则制度实施范围，但财政部未针对其原执行的会计制度专门制定新旧衔接规定的事业单位，应当参照《〈政府会计制度——行政事业单位会计科目和报表〉与〈事业单位会计制度〉有关衔接问题的处理规定》做好新旧衔接工作。

三、《政府会计制度》的重大变化与创新

　　《政府会计制度》继承了多年来我国行政事业单位会计改革的有益经验，反映了当前政府会计改革发展的内在需要和发展方向，相对于以前的制度，其重大变化与创新如下：

（一）重构了政府会计核算模式

　　在系统分析总结传统预算会计体系利弊的基础上，《政府会计制度》按照《改革方案》和《基本准则》的要求，构建了"财务会计和预算会计适度分离并相互衔接"的会计核算模式。所谓"适度分离"，是指适度分离政府预算会计和财务会计功能，决算报告和财务报告功能，全面反映政府会计主体的预算执行信息和财务信息。所谓"相互衔接"，是指在同一会计核算系统中政府预算会计要素和相关财务会计要素相互协调，决算报告和财务报告相互补充，共同反映政府会计主体的预算执行信息和财务信息。具体情况如表 3-1 所示。这种会计核算模式既能满足现行部门决算报告制度的需要，又能兼顾部门编制权责发生制财务报告的要求，对于规范政府会

计行为，夯实政府会计主体预算和财务管理基础，强化政府绩效管理具有深远的影响。

表 3-1　我国政府会计核算模式

适度分离	双功能	在同一会计核算系统中实现财务会计和预算会计双重功能
	双基础	财务会计采用权责发生制，预算会计采用收付实现制
	双报告	通过财务会计核算形成财务报告，通过预算会计核算形成决算报告
相互衔接	对纳入部门预算管理的现金收支进行"平行记账"	
	财务报表与预算会计报表之间存在勾稽关系	

（二）统一了现行各单位会计制度

《政府会计制度》有机整合了《行政单位会计制度》《事业单位会计制度》和医院、基层医疗卫生机构、高等学校、中小学校、科学事业单位、彩票机构、地质勘查事业单位、测绘事业单位、国有林场和苗圃等行业事业单位会计制度的内容。一是在科目设置、科目和报表项目说明方面，一般情况下，不再区分行政和事业单位，也不再区分行业事业单位。二是在核算内容方面，基本保留了现行各项制度中的通用业务和事项，同时根据改革需要增加各级各类行政事业单位的共性业务和事项。三是在会计政策方面，对同类业务尽可能作出同样的处理规定。

会计制度的统一，大大提高了政府各部门、各单位会计信息的可比性，为合并单位、部门财务报表和逐级汇总编制部门决算奠定了坚实的制度基础。

（三）强化了财务会计功能

一是《政府会计制度》在财务会计核算中全面引入了权责发生制，在会计科目设置和账务处理说明中着力强化财务会计功能，如增加了收入和费用两个财务会计要素的核算内容，并在原则上要求按照权责发生制进行核算。二是增加了应收款项和应付款项的核算内容，对长期股权投资采用权益法核算，确认自行开发形成的无形资产的成本，要求对固定资产、公共基础设施、保障性住房和无形资产计提折旧或摊销，引入坏账准备等减值概念，确认预计负债、待摊费用和预提费用等。三是在政府会计核算中强化财务会计功能，对于科学编制权责发生制政府财务报告、准确反映单位财务状况和运行成本等情况具有重要的意义。

（四）扩大了政府资产负债核算范围

《政府会计制度》在现行制度基础上，扩大了资产负债的核算范围。除按照权责发生制核算原则增加有关往来账款的核算内容外，一是在资产方面，增加了公共基础设施、政府储备物资、文物文化资产、保障性住房和受托代理资产的核算内容以全面核算单位控制的各类资产，增加了"研发支出"科目以准确反映单位自行开发无形资产的成本；二是在负债方面，增加了预计负债、受托代理负债等核算内容，以全面反映单位所承担的现实义务。此外，为了准确反映单位资产扣除负债之后的净资产状况，《政府会计制度》立足单位会计核算需要，借鉴国际公共部门会计准则相关规定，将净资产按照主要来源分类为累计盈余和专用基金，并根据净资产其他来源设置了"权益法调整""无偿调拨净资产"等会计科目。

政府资产负债核算范围的扩大，有利于全面规范政府单位各项经济业务和事项的会计处理，准确反映政府"家底"信息，为相关决策提供更加有用的信息。

（五）完善了预算会计功能

根据《改革方案》要求，《政府会计制度》对预算会计科目及其核算内容进行了调整和优化，以进一步完善预算会计功能。一是在核算内容上，预算会计仅需核算预算收入、预算支出和预算结余。二是在核算基础上，预算会计除按《预算法》要求的权责发生制事项外，均采用收付实现制核算，有利于避免现在制度下存在的虚列预算收支的问题。三是在核算范围上，为了体现新《预算法》的精神和部门综合预算的要求，《政府会计制度》将依法纳入部门预算管理的现金收支均纳入预算会计核算范围，如增设了债务预算收入、债务还本支出、投资支出等。

调整完善后的预算会计，能够更好贯彻落实《预算法》的相关规定，更加准确反映部门和单位预算收支情况，更加满足部门、单位预算和决算管理的需要。

（六）整合了基建会计核算

按照政府会计改革前的制度规定，单位对于基本建设投资的会计核算除遵循相关会计制度规定外，还应当按照国家有关基本建设会计核算的规定单独建账、单独核算，但同时应将基建账相关数据按期并入单位"大账"。《政府会计制度》依据《基本建设财务规则》和相关预算管理规定，在充分吸收《国有建设单位会计制度》合理内容的基础上对单位建设项目会计核算进行了规定。单位对基本建设投资按照本制度规定统一进行会计核算，不再单独建账，大大简化了单位基本建设业务的会计核算，有利于提高单位会计信息的完整性。

（七）完善了报表体系和结构

《政府会计制度》将报表分为预算会计报表和财务报表两大类。预算会计报表由预算收入表、预算结转结余变动表和财政拨款预算收入支出表组成，是编制部门决算报表的基础。财务报表由会计报表和附注构成，会计报表由资产负债表、收入费用表、净资产变动表和现金流量表组成，其中，单位可自行选择编制现金流量表。《政府会计制度》针对新的核算内容和要求对报表结构进行了调整和优化，对报表附注应当披露的内容进行了细化，对会计报表重要项目说明提供了可参考的披露格式，要求按经济分类披露费用信息，要求披露本年预算结余和本年盈余的差异调节过程等。

调整完善后的报表体系，对于全面反映单位财务信息和预算执行信息，提高部门、单位会计信息的透明度和决策有用性具有重要的意义。

（八）增强了制度的可操作性

《政府会计制度》在附录中采用列表方式，以《政府会计制度》中规定的会计科目使用说明为依据，按照会计科目顺序对单位通用业务或共性业务和事项的账务处理进行了举例说明。在举例说明时，对同一项业务或事项，在表格中列出财务会计分录的同时，平行列出相对应的预算会计分录（如果有）。对经济业务和事项举例说明，能够充分反映《政府会计制度》所要求的财务会计和预算会计"平行记账"的核算要求，便于会计人员学习和理解政府会计八要素的记账规则，也有利于单位会计核算信息系统的开发或升级改造。

第二节　事业单位与事业单位会计

营利组织会计和非营利组织会计是会计体系的两大组成部分。在我国，营利组织会计又称为企业会计，是核算反映以营利为目的的各类企业组织的经济活动的专业会计；政府与非营利组织会计则是核算反映不以营利为目的的政府与非营利组织经济活动的专业会计。我国的政府与非营利组织会计主要包括四个部分：核算政府预算资金管理情况的财政总预算会计，核算以财政预算资金为主要来源、以实现政府职能为主要目的的行政单位会计，核算为满足公共事业需要而设置、由政府提供资金支持的事业单位会计，以及核算各种社会团体、民间非企业单位、宗教团体等不以营利为目的的民间非营利组织会计。此外，还有核算财政预算收入的收入征税会计如税收会计、关税会计以及核算国库资金流向与管理的国库会计。本书主要介绍行政事业单位会计。

一、行政事业单位及其种类

行政事业单位是行政单位和事业单位的合称。

（一）行政单位及其种类

行政单位是代表政府行使政府权力的机构，是进行国家行政管理、组织经济建设和文化建设、维护社会公共秩序的单位，主要包括国家权力机关、行政机关、司法机关、检察机关等。

另外，在我国实行预算管理的其他机关、政党组织等也视为行政单位。具体包括：

（1）各级人民代表大会及其常务委员会机关。例如，全国人民代表大会及其常务委员会、各级地方人民代表大会及其常务委员会。人民代表大会属于国家立法机关。

（2）各级人民政府及其所属工作机构。例如，中央人民政府、地方各级人民政府。再如国务院所属各部门，如外交部、国防部、国家发展和改革委员会、教育部、科学技术部、工业和信息化部、公安部、民政部、财政部、人力资源和社会保障部等；地方各级人民政府所属各部门，相关部门与国务院层面设置的部门类似，如省财政厅、省公安厅、市财政局、市公安局等。各级人民政府及其所属工作机构通常也称行政机关，它们属于国家执法机关。

（3）中国人民政治协商会议各级委员会机关。例如，中国人民政治协商会议全国委员会、中国人民政治协商会议各级地方委员会。中国人民政治协商会议属于国家政治协商机关。

（4）各级审判机关。例如，最高人民法院、地方各级人民法院。各级审判机关属于国家司法机关。

（5）各级检察机关。例如，最高人民检察院、地方各级人民检察院。各级检察机关是国家的法律监督机关。

（6）中国共产党各级机关。例如，中国共产党中央委员会、中国共产党各级地方委员会。中国共产党是我国的执政党，发挥总揽全局、协调各方的领导核心作用。

（7）各民主党派和工商联的各级机关。例如，中国民主同盟、中国民主建国会、中国民主促进会、中国农工民主党等。

行政单位承担着经济调节、市场监管、社会管理、公共服务等各种职能，它们属于社会非物质生产部门，不能在市场上通过货物或服务的交换获得足够的资金，它们开展业务活动所需的资金主要由财政预算安排。行政单位的支出是典型地、纯粹地满足社会公共需要，因此，执行单位预算，按照预算取得和使用财政资金，使财政资金发挥其应有的社会效益，是它们进行财务管理和组织会计核算时必须遵循的基本要求。

（二）事业单位及其种类

事业单位是国家为了社会公益目的，由国家机关举办或者其他组织利用国有资产举办的，从事教育、科研、文化、卫生、体育、新闻出版、广播电视、社会福利、救助减灾、统计调查、技术推广与实验、公用设施管理、物资仓储、监测、勘探与勘察、测绘、检验检测与鉴定、法律、资源管理、质量技术监督、经济监督、知识产权、公证与认证、信息与咨询、人才交流、就业服务、机关后勤服务等活动的社会服务组织。按照不同的行业，常见的事业单位主要包括以下种类：

（1）中小学校。主要指由各级人民政府举办的普通中小学校、成人中学、成人初等学校等。如西藏民族大学附属中学、西藏军区拉萨八一学校等。

（2）高等学校。主要指由各级人民政府举办的全日制普通高等学校、成人高等学校等。如北京大学、清华大学、西藏大学、中央财经大学等。

（3）医院。主要指各级各类公立医院，包括综合医院、中医院、专科医院等。如北京医院、北京中医医院、西藏自治区人民医院等。

（4）基层医疗卫生机构。主要指由政府举办的城市社区卫生服务中心、乡镇卫生院等。

（5）文化事业单位。主要指各级各类公共图书馆、文化馆、纪念馆以及由文化及其他部门主管的剧场、剧团等。如国家图书馆、中国美术馆、中国交响乐团、西藏自治区图书馆等。

（6）文物事业单位。主要指各级各类公共博物馆、博物院等。如故宫博物院、中国国家博物馆、西藏自然博物馆等。

（7）科学事业单位。主要指由各级政府举办的各级各类科学院、研究院、研究所等。如中国科学院、中国工程院、中国社会科学院、西藏自治区社会科学院、上海科技馆等。

（8）广播电视事业单位。主要指由各级政府举办的广播电台、电视台等。如中央广播电视总台、拉萨广播电视台等。

（9）体育事业单位。主要指由各级政府举办的体育馆、体育场等。如西藏体育馆、上海市东方体育中心等。

除以上事业单位外，按照事业单位所从事行业，还有测绘事业单位、气象事业单位、园林事业单位等。

事业单位是经济社会发展中提供公益服务的主要载体，是我国社会主义现代化建设的重要力量；它不以盈利为直接目的，其工作成果与组织价值不直接以可估量的物质形态或货币形态表现出来，而是一种社会效益。相对于企业单位而言，事业单位是国家机构的延伸，其资产属于国有，政府决定事业单位的设立、注销以及编制，并对事业单位的各种活动进行直接组织和管理，各类事业单位活动所需的各种经费主要来自政府拨款。从单位性质上来看，事业单位又有公益性、准公益性和经营性之分，对于经营性事业单位，财政一般不予补助，政府财政只对公益性和准公益性事业单位进行补贴。

二、行政事业单位会计及其特点

行政事业单位会计又简称单位会计，是运用会计专门方法对各级各类行政事业单位的资产负债、运行情况、现金流量、预算执行情况等进行全面核算、监督和报告的一门专业会计，是政府会计（主要包括财政总预算会计、行政事业单位会计）的重要组成部分。行政事业单位会计核算的目标是向会计信息使用者提供与行政事业单位财务状况、预算执行情况等有关的会计信息，反映行政事业单位受托责任的履行情况，有助于会计信息使用者进行管理、监督和决策。行政事业单位会计信息使用者包括人民代表大会、政府有关部门、行政事业单位自身和其他利益相关者。行政事业单位会计具有如下主要特点：

（1）行政事业单位会计的主体是各级各类行政事业单位。行政事业单位应当对其自身发生的经济业务或者事项进行会计核算。行政事业单位自身发生的经济业务或事项与同级财政总预算发生的经济业务或事项之间，既有重叠的地方，也有相互独立的地方。例如，同级财政为行政事业单位支付日常办公经费，同级财政形成支出，行政事业单位也形成支出。但如果同级财政为行政事业单位支付购置设备的款项，同级财政形成支出，行政事业单位在形成支出的同时，还形成固定资产。之后，行政事业单位对设备计提折旧，同级财政没有相应的经济业务或事项，但行政事业单位需要记录相应的经济业务或事项。再如，事业单位利用取得的事业收入支付日常办公经费，事业单位形成支出，但财政总预算会计不形成支出。事业单位取得的非财政资金收入和发生的非财政资金支出，对财政总预算会计来说，既没有收入，也没有支出。

（2）行政事业单位会计需要详细反映单位预算执行情况。行政事业单位会计在反映单位预算执行情况时，采用的会计核算方法需要与相应的预算编制方法一致，只有这样，预算数与会计核算的决算数才具有可比性，会计核算的结果才能反映预算执行情况。例如，行政事业单位按照预算安排购置一台办公设备，支付的相应价款属于预算支出的内容，为如实反映预算执行情况，行政事业单位会计需要确认相应的实际支出，并将实际支出与预算支出进行比较。由于行政事业单位预算区分基本支出预算和项目支出预算，基本支出预算又区分人员经费预算和日常公用经费预算，各种预算又分别安排财政拨款收入和其他相关收入，因此，行政事业单位会计需要按照预算管理的相应要求，分别为各种预算组织会计核算，以分别反映各种预算的执行情况。除此之外，行政事业单位预算还单独编制财政拨款支出预算，以对财政拨款支出进行预算管理。相应地，行政事业单位会计需要单独核算财政拨款支出，以如实反映财政拨款支出的预算执行情况。有些行政事业单位除了有一般公共预算资金收入和支出安排外，还有政府性基金预算资金收入和支出安排，在这种情况下，行政事业单位会计需要分别核算一般公共预算资金收入和支出的业务以及政府性基金预算资金收入和支出的业务，以分别反映两种性质资金各自安排的预算的执行情况。行政事业单位会计核算单位预算执行情况的过程，也是加强单位预算管理的过程。如果没有相应的预算，行政事业单位会计就应当及时停止相应经济业务的发生。

（3）行政事业单位会计需要反映单位财务状况。行政事业单位财务会计中的资产、负债和净资产三个会计要素构筑了行政事业单位的财务状况。行政事业单位的资产不仅包括库存现金、银行存款、应收账款等货币性资产，还包括库存物品、固定资产、在建工程、无形资产等非货币性资产。有些行政事业单位的资产还包括政府储备物资、公共基础设施等特殊种类的资产。这与财政总预算会计的资产种类有很大的不同。行政事业单位的净资产主要是累计盈余。总体来说，行政事业单位的资产主要来源于财政拨款，它是财政拨款的结果。但财政拨款具有年度性，使用后即预算已经执行，由此形成的资产尤其是固定资产、无形资产等的管理具有长期性。如实反映行政事业单位的财务状况，有利于加强对行政事业单位资产、负债和净资产的管理。

（4）行政事业单位会计采用财务会计和预算会计适度分离并相互衔接的会计核算模式。所谓"适度分离"，是指适度分离行政事业单位预算会计和财务会计功能，决算报告和财务报告功能，全面反映行政事业单位会计主体的预算执行信息和财务信息。其主要表现在以下三个方面：一是"双功能"，即在同一会计核算系统中实现财务会计和预算会计双重功能，通过资产、负债、净资产、收入、费用五个要素进行财务会计核算，通过预算收入、预算支出和预算结余三个要素进行预算会计核算。二是"双基础"，即财务会计采用权责发生制，预算会计采用收付实现制，国务院另有规定的，依照其规定。三是"双报告"，即通过财务会计核算形成财务报告，通过预算会计核算形成决算报告。所谓"相互衔接"，是指在同一会计核算系统中行政事业单位预算会计要素和相关财务会计要素相互协调，决算报告和财务报告相互补充，共同反映行政事业单位会计主体的预算执行信息和财务信息。其主要体现在以下两个方面：一是对纳入部门预算管理的现金收支进行"平行记账"。对于纳入部门预算管理的现金收支业务，在进行财务会计核算的同时也应当进行预算会计核算；对于其他业务，仅需要进行财务会计核算。二是财务报表与预算会计报表之间存在勾稽关系。通过编制"本期预算结余与本期盈余差异调节表"并在附注中进行披露，反映单位财务会计和预算会计因核算基础和核算范围不同所产生的本年盈余数（即本期收入与费用之间的差额）与本年预算结余数（本年预算收入与预算支出的差额）之间的差异，从而揭示财务会计和预算会计的内在联系。

第三节　会计假设和会计信息质量要求

一、会计假设

会计核算的基本前提是在组织核算工作之前，首先要解决与确立与核算主体有关的一系列重要问题，即确定会计假设或会计基本原则。行政事业单位会计假设是指对行政事业单位会计所处的空间和时间环境及所使用的主要计量单位所作的合理假定或设定，主要包括会计主体、持续运行、会计分期和货币计量。

（一）会计主体

会计主体是指会计工作特定的空间范围。明确会计主体，可以明确提供会计信息的特定边界范围。行政事业单位会计的主体是各级各类行政事业单位。目前，我国各级各类行政事业单位通过编制单位决算以及部门决算的方式，向人民代表大会提供单位或部门预算执行情况的信息。各级各类行政事业单位还应当编制单位财务报告，并在此基础上编制政府部门财务报告和政府整体财务报告，向相关方面进行报告。

（二）持续运行

持续运行是指会计主体的业务活动能够持续不断地进行下去。行政事业单位会计应以行政事业单位的业务活动能够持续不断地进行下去作为组织正常会计核算的基本假设。持续运行前提可以保证行政事业单位可以按照正常的会计方法进行会计核算，而不将会计核算建立在非正常的财政财务清算基础之上。尽管行政事业单位也会根据社会经济发展的客观需要进行划转或撤并，但在相应财政财务清算活动尚未开始之前，行政事业单位仍然应当按照持续运行的假设对相应的财政财务收支业务及其他相关业务进行会计核算，并得出相应的核算结果。

（三）会计分期

会计分期是指将会计主体持续运行的时间人为地划分成时间阶段，以便分阶段结算账目，编制会计报表。行政事业单位会计期间分为年度、半年度、季度和月份。会计年度、半年度、季度和月份采用公历日期。为及时提供预算执行情况和财务状况的信息，行政事业单位会计还可以根据需要提供旬报，供政府有关方面及时了解信息。分期提供会计信息，除了可以及时提供信息，还有利于将各期的会计信息进行比较，从而有利于进行信息分析，提高信息的有用性。目前，我国各级地方政府在每年第一季度召开的各级地方人民代表大会上，财政部门都需要代表政府做上一年度预算执行情况的年度报告。中央政府和大多数地方政府在每年下半年还需要向人民代表大会提供当年度上半年预算执行情况的报告。

（四）货币计量

货币计量是指会计核算以人民币作为记账本位币。如果发生外币收支，应当按照中国人民银行公布的人民币外汇汇率折算为人民币进行核算。对于业务收支以外币为主的行政事业单位，也可以选定某种外币作为记账本位币。但在编制会计报表时，应当按照编报日期的人民币外汇汇率折算为人民币反映。货币计量可以使得各种经济业务在数量上有一个统一的衡量标准，即人民币"元"，从而使得相同或者不同的经济业务在数量上可以进行相加或相减，得出富有意义的财务信息。行政事业单位的财务活动，一方面可以反映行政事业单位的业务意图和工作方向；另一方面，随着人民群众参政议政和民主理财意识的不断增强，相应财务活动的货币数量信息也越来越受到社会各方的关注。

二、会计信息质量要求

会计信息质量要求是利益相关者选择适用的会计准则、程序和方法的衡量标准，从某种程度上来说是财务目标的具体化，可以通过会计信息质量来判断能够有助于决策的会计信息。因此，行政事业单位会计信息质量要求是指行政事业单位会计向信息使用者提供的会计信息应当达到的质量标准。行政事业单位会计信息质量要求通常包括可靠性、全面性、相关性、及时性、可比性、可理解性、实质重于形式等。

（一）可靠性

可靠性是指行政事业单位会计主体应当以实际发生的经济业务或者事项为依据进行会计核算，如实反映各项会计要素的情况和结果，保证会计信息真实可靠。

可靠性是会计的本质属性。行政事业单位会计不能扭曲经济业务的内容，对相应的经济业务做出不真实、不客观的记录和反映；也不能以尚未发生或可能发生的经济业务为依据，根据人为的估计进行会计核算；更不能故意编造经济业务的内容，并以此为依据进行会计记录和反映；会计主体在报表中反映的各项信息不能误导信息使用者的判断，不得进行虚假陈述或者误导性陈述。行政事业单位会计信息只有真实客观，才能帮助信息使用者做出正确的评价和决策；否则，会导致信息使用者做出错误的评价和决策，从而影响社会公众的利益。

（二）全面性

全面性是指行政事业单位会计主体应当将发生的各项经济业务或者事项统一纳入会计核算，确保会计信息能够全面反映行政事业单位会计主体的预算执行情况、财务状况、运行情况、现金流量等。

不全面的会计信息无法达到可靠性的质量要求，全面性要求会计主体无论是对其有利还是不利的信息均进行反映，不能按照主观判断任意取舍，随意遗漏或者减少应该披露的信息。《政府会计制度》中要求对固定资产、公共基础设施、保障性住房和无形资产计提折旧或摊销，引入坏账准备等减值概念，确认预计负债、待摊费用和预提费用以及对基本建设投资按照本制度规定统一进行会计核算等都是会计信息全面性质量要求的体现。

（三）相关性

相关性是指行政事业单位会计主体提供的会计信息，应当与反映行政事业单位会计主体公共受托责任履行情况以及报告使用者决策或者监督、管理的需要相关，有助于报告使用者对会计主体过去、现在或者未来的情况作出评价或者预测。

会计信息是否有用，是否具有价值，关键是看其与使用者的决策需要是否相关，是否有助于决策或者提高决策水平。相关的会计信息应当能够有助于使用者评价政府会计主体过去的决策，证实或者修正过去的有关预测，因而具有反馈价值。相关的会计信息还应当具有预测价值，有助于使用者根据财务报告所提供的会计信息预测行政事业单位会计主体未来的财务状况、运行情况和现金流量。会计信息质量的相关性要求，是以可靠性为基础的，两者之间是统一的，并不矛盾，不应将两者对立起来。也就是说，会计信息在可靠性前提下，应尽可能地做到相关性，以满足报告使用者的决策需要。

（四）及时性

及时性是指行政事业单位会计主体对已经发生的经济业务或者事项，应当及时进行会计核算，不得提前或者延后。

会计信息的价值在于帮助信息使用者做出相关决策，具有时效性。即使是可靠的、全面的、相关的会计信息，如果不及时提供，就失去了时效性，对于使用者的效用就大大降低，甚至不再具有实际意义。在会计确认、计量和报告过程中贯彻及时性，一是要求及时收集会计信息，即在经济业务或者事项发生后，及时收集整理各种原始单据或者凭证；二是要求及时处理会计信息，即按照国家统一的会计制度的规定，及时对经济业务或者事项进行确认或者计量，并编制报告；三是要求及时传递会计信息，即按照国家规定的有关时限，及时地将编制的报告传递给信息使用者，便于其及时使用和决策。

（五）可比性

可比性是指行政事业单位会计信息之间可以相互比较。

同一行政事业单位会计主体不同时期发生的相同或者相似的经济业务或者事项，应当采用一致的会计政策，不得随意变更。确需变更的，应当将变更的内容、理由及其影响在附注中予以说明。不同会计主体发生的相同或者相似的经济业务或者事项，应当采用一致的会计政策，确保政府会计信息口径一致，相互可比。

（六）可理解性

可理解性是指行政事业单位会计主体提供的会计信息应当清晰明了，便于报告使用者理解和使用。

行政事业单位会计主体编制决算报告和财务报告、提供会计信息的目的在于使用，而要使使用者有效使用会计信息，应当能让其了解会计信息的内涵，弄懂会计信息的内容，这就要求决算报告和财务报告所提供的会计信息应当清晰明了，易于理解。只有这样，才能提高会计信息的有用性，实现财务报告的目标，满足向信息使用者提供决策有用信息的要求。会计信息使用者通过阅读、分析、使用决算报告和财务报告信息，能够了解会计主体的过去和现状，以及会计主体净资产或价值的变化过程，预测未来发展趋势，从而作出科学决策。会计信息是一种专业性较强的信息产品，在强调会计信息的可理解性要求的同时，还应假定使用者具有一定的有关行政事业单位会计主体业务活动和会计方面的知识，并且愿意付出努力去研究这些信息。对于某些复杂的信息，如经济业务本身较为复杂或者会计处理较为复杂，但其与使用者的经济决策相关的，行政事业单位会计主体就应当在决算报告和财务报告中予以充分披露。

（七）实质重于形式

实质重于形式，是指行政事业单位会计主体应当按照经济业务或者事项的经济实质进行会计核算，不限于以经济业务或者事项的法律形式为依据。

在多数情况下，行政事业单位会计主体发生的经济业务或事项的经济实质和法律形式是一致的，但在有些情况下也会出现不一致。例如，单位通过融资租赁取得一项设备，尽管从法律上讲该项设备的所有权不属于本单位，但从经济实质上讲已经将与该设备所有权有关的全部或绝大部分风险和报酬转移给单位，因此，应当将该设备确认为本单位的资产。按照实质重于形式的质量要求提供的单位会计信息，比纯粹按照法律形式提供的单位会计信息更加具有相关性，从而可以更好地帮助人民代表大会、政府及其有关部门以及行政事业单位本身等政府会计信息的使用者作出合理正确的决策。

第四节　财务会计和预算会计适度分离的表现

政府会计由财务会计和预算会计构成。行政事业单位会计核算应当具备财务会计和预算会计双重功能，实现财务会计和预算会计适度分离并相互衔接，全面、清晰地反映单位财务信息和预算执行信息。具体情况如表 3-2 所示。

表 3-2　双功能：财务会计和预算会计

财务会计	预算会计
通过资产、负债、净资产、收入、费用五个要素进行财务会计核算，主要反映和监督政府会计主体的财务状况、运行情况和现金流量等	通过预算收入、预算支出及预算结余三个要素进行预算会计核算，主要反映和监督政府会计主体的预算收支执行情况

一、财务会计

财务会计是指以权责发生制为基础对政府会计主体发生的各项经济业务或者事项进行会计核算,主要反映和监督政府会计主体财务状况、运行情况和现金流量等的会计。在准确核算和反映预算执行情况的同时,财务会计能全面、清晰反映政府会计主体的财务状况、运行情况等。

(一)政府财务会计要素

政府财务会计要素包括资产、负债、净资产、收入和费用五个。

1. 资产

(1)定义

资产是指政府会计主体过去的经济业务或者事项形成的,由政府会计主体控制的,预期能够产生服务潜力或者带来经济利益流入的经济资源。服务潜力是指政府会计主体利用资产提供公共产品和服务以履行政府职能的潜在能力。经济利益流入表现为现金及现金等价物的流入,或者现金及现金等价物流出的减少。

(2)确认条件

符合政府资产定义的经济资源,在同时满足以下条件时,确认为资产:① 与该经济资源相关的服务潜力很可能实现或者经济利益很可能流入政府会计主体;② 该经济资源的成本或者价值能够被可靠地计量。

(3)分类

政府会计主体的资产按照流动性,分为流动资产、非流动资产、经管资产及其他资产。流动资产是指预计在 1 年内(含 1 年)内耗用或者变现的资产,包括货币资金、短期投资、应收及预付款项、存货等;非流动资产是指流动资产以外的资产,包括固定资产、在建工程、无形资产、长期投资等;管理资产是指行政事业单位代表政府经营管理的公共资产,包括公共基础设施、政府储备资产、文物文化资产、保障性住房等；其他资产是指除流动资产、非流动资产、经管资产之外的行政事业单位资产，包括待摊费用、受托代理资产、长期待摊费用、待处理财产损益等。

（4）计量属性及应用

政府资产的计量属性主要包括历史成本、重置成本、现值、公允价值和名义金额。在历史成本计量下，资产按照取得时支付的现金金额或者支付对价的公允价值计量；在重置成本计量下，资产按照现在购买相同或者相似资产所需支付的现金金额计量；在现值计量下，资产按照预计从其持续使用和最终处置中所产生的未来净现金流入量的折现金额计量；在公允价值计量下，资产按照市场参与者在计量日发生的有序交易中，出售资产所能收到的价格计量。

政府会计主体在对资产进行计量时，一般应当采用历史成本。采用重置成本、现值、公允价值计量的，政府应当保证所确定的资产金额能够被持续、可靠地计量。无法采用历史成本、重置成本、现值和公允价值计量属性的，采用名义金额（即人民币 1 元）计量。

2. 负债

（1）定义

负债是指政府会计主体过去的经济业务或者事项形成的，预期会导致经济资源流出政府会计主体的现实义务。现时义务是指政府会计主体在现行条件下已承担的义务。未来发生的经济业务或者事项形成的义务不属于现时义务，不应当确认为负债。

（2）确认条件

符合政府负债定义的义务，在同时满足以下条件时，确认为负债：① 履行该义务很可能导致含有服务潜力或者经济利益的经济资源流出政府会计主体；② 该义务的金额能够被可靠地计量。

（3）分类

政府会计主体的负债按照流动性，分为流动负债和非流动负债。流动负债是指预计在 1 年内（含 1 年）偿还的负债，包括短期借款、应付及预收款项、应付职工薪酬、应缴款项等。非流动负债是指流动负债以外的负债，包括长期借款、长期应付款、预计负债等。

（4）计量属性及应用

政府负债的计量属性主要包括历史成本、现值和公允价值。在历史成本计量下，负债按照因承担现时义务而实际收到的款项或者资产的金额，或者承担现时义务的合同金额，或者按照为偿还负债预期需要支付的现金计量。在现值计量下，负债按照预计期限内需要偿还的未来净现金流出量的折现金额计量；在公允价值计量下，负债按照市场参与者在计量日发生的有序交易中转移负债所需支付的价格计量。

政府会计主体在对负债进行计量时，一般应当采用历史成本。采用现值、公允价值计量的，应当保证所确定的负债金额能够被持续、可靠地计量。

3. 净资产

（1）定义

净资产是指政府会计主体资产扣除负债后的净额。

（2）确认条件

净资产金额取决于资产和负债的计量。收入导致净资产增加，费用导致净资产减少。

（3）分类

政府单位的净资产一般包括累计盈余、专用基金等。

4. 收入

（1）定义

收入是指报告期内导致政府会计主体净资产增加的、含有服务潜力或者经济利益的经济资源的流入。

（2）确认条件

收入的确认应当同时满足以下条件：① 与收入相关的含有服务潜力或者经济利益的经济资源很可能流入政府会计主体；② 含有服务潜力或者经济利益的经济资源流入会导致政府会计主体的资产增加或者负债减少；③ 流入金额能够被可靠地计量。

（3）分类

政府单位的收入按照来源一般包括财政拨款收入、事业收入、非同级财政拨款收入、经营收入、上级补助收入、附属单位上缴收入、捐赠收入、投资收益、利息收入、租金收入、其他收入等。

5. 费用

（1）定义

费用是指报告期内导致政府会计主体净资产减少的、含有服务潜力或者经济利益的经济资源的流出。

（2）确认条件

费用的确认应当同时满足以下条件：① 与费用相关的含有服务潜力或者经济利益的经济资源很可能流出政府会计主体；② 含有服务潜力或者经济利益的经济资源流出会导致政府会计主体资产减少或者负债增加；③ 流出金额能够被可靠地计量。

（3）分类

政府单位的费用按照功能一般分为业务活动费用、单位管理费用、资产处置费用、所得税费用、上缴上级费用、对附属单位补助费用、其他费用等。业务活动费用按照经济分类可分为工资和福利费用、商品和服务费用、对个人和家庭补助费用、对企业补助费用、固定资产折旧费用、无形资产摊销费用、公共基础设施折旧（摊销）费用、计提专用基金等。

政府财务会计要素之间的平衡关系为：

$$资产 - 负债 = 净资产$$
$$收入 - 费用 = 净资产的增加或减少$$

（二）政府财务会计记账方法

政府财务会计采用借贷记账法。资产类科目增加记入借方，减少记入贷方，期末余额一般在借方；但存在五个备抵调整科目，"固定资产累计折旧""无形资产累计摊销""公共基础设施累计折旧（摊销）"和"保障性住房累计折旧"科目分别是"固定资产""无形资产""公共基础设施"和"保障性住房"科目的备抵调整科目，事业单位适用的"坏账准备"科目是"应收账款"和"其他应收款"科目的备抵调整科目，这些备抵调整科目增加记入贷方，减少记入借方，期末余额一般在贷方。负债类科目增加记入贷方，减少记入借方，期末余额一般在贷方。净资产类科目增加记入贷方，减少记入借方，期末余额一般在贷方。收入类科目增加记入贷方，减少记入借方，期末结转转入"本期盈余"科目后，无余额。费用类科目增加记入借方，减少记入贷方，期末结转转入"本期盈余"科目后，无余额。

二、预算会计

预算会计是指以收付实现制为基础对政府会计主体预算执行过程中发生的全部收入和全部支出进行会计核算，主要反映和监督预算收支执行情况的会计。预算会计核算内容与预算更加一致，收支口径更为清晰，收付实现制的核算基础更加纯粹，预算会计收支核算范围更体现新《预算法》精神及部门综合预算要求，可以提升决算工作效率。

（一）政府预算会计要素

政府预算会计要素包括预算收入、预算支出和预算结余三个。

1. 预算收入

（1）定义

预算收入是指政府会计主体在预算年度内依法取得的并纳入预算管理的现金流入。

（2）确认条件

预算收入一般在实际收到时予以确认，以实际收到的金额计量。

（3）分类

政府单位的预算收入按照来源分为财政拨款预算收入、事业预算收入、非同级财政拨款预算收入、经营预算收入、投资预算收益、债务预算收入、上级补助预算收入、附属单位上缴预算收入、其他预算收入等。

2. 预算支出

（1）定义

预算支出是指政府会计主体在预算年度内依法发生并纳入预算管理的现金流出。

（2）确认条件

预算支出一般在实际支付时予以确认，以实际支付的金额计量。

（3）分类

政府单位的预算支出包括行政支出、事业支出、经营支出、上缴上级支出、对附属单位补助支出、投资支出、债务还本支出、其他支出等。

3. 预算结余

（1）定义

预算结余是指政府会计主体预算年度内预算收入扣除预算支出后的资金余额，以及历年滚存的资金余额。

预算结余包括结余资金和结转资金。结余资金是指年度预算执行终了，预算收入实际完成数扣除预算支出和结转资金后剩余的资金。结转资金是指预算安排项目的支出年终尚未执行完毕或者因故未执行，且下年需要按原用途继续使用的资金。

（2）分类

政府单位的预算结余资金一般包括财政拨款结转、财政拨款结余、非财政拨款结转、非财政拨款结余等。

政府预算会计要素之间的平衡关系为：

$$预算收入 - 预算支出 = 预算结余$$

（二）政府预算会计记账方法

政府预算会计采用借贷记账法。预算收入类科目增加记入贷方，减少记入借方，年末结转后无余额。预算支出类科目增加记入借方，减少记入贷方，年末结转后无余额。预算结余类科目分为两种情况：一是"资金结存"科目同资产类科目一样，增加记入借方，减少记入贷方，期末余额在借方；二是结转结余类科目增加记入贷方，减少记入借方，余额一般在贷方。

综上，政府会计要素共有八个，其中，五个为财务会计要素，三个为预算会计要素。五个财务会计要素构筑政府财务会计报表，三个预算会计要素构筑政府预算会计报表或政府决算报表。

第五节　财务会计与预算会计"平行记账"

财务会计与预算会计的"平行记账"就是，所有原始凭证均纳入财务会计账套，通过财务会计账套来实现政府会计主体账、证、表、实四大要素核对相符；预算会计的账务处理是在财务会计账务处理基础之上"平行"进行的。"平行记账"这种方式能够使财务会计、预算会计两个体系更加具有系统性、逻辑性和完整性。

一、"平行记账"的判断

行政事业单位对于纳入部门预算管理的现金收支业务，在采用财务会计核算的同时应当进行预算会计核算；对于其他业务，仅需进行财务会计核算，这明确了预算会计核算的经济业务范围。从资金核算的范围上不仅包含财政资金，还包括纳入预算管理的资金。

需要注意的是，并不是单位所有的现金流入流出业务都需要在预算会计体系中核算。在实际操作中，一般情况下，先进行财务会计的核算，再判断该经济业务是否需要在预算会计中核算，可以按照以下两个层次判断：第一个层次是，该业务是否是现金收支业务，如果不是，则不需要进行预算会计核算，仅需在财务会计中核算；第二个层次是，如果该业务是现金收支业务，则进一步判断这一收支业务是否纳入部门预算管理，如果纳入，则在预算会计中核算。

（一）现金收支业务

这里的现金，并不仅指库存现金，而是一个大的现金概念。一般情况下，对于财务会计下"财政拨款收入（即通过财政直接支付方式支付的款项）""零余额账户用款额度""财政应返还额度""库存现金""银行存款"和"其他货币资金"这六个会计科目发生增减变动，不涉及结转业务时，在预算会计下应同时进行会计处理，即"平行记账"。

（二）纳入部门预算管理

《关于进一步做好政府会计准则制度新旧衔接和加强行政事业单位资

产核算的通知》（财会〔2018〕34号）文件规定，单位应当按照部门综合预算管理的要求，对纳入部门预算管理的全部现金收支业务进行预算会计核算。未纳入年初批复的预算但纳入决算报表编制范围的非财政拨款收支，应当进行预算会计核算。未纳入部门预决算管理范围的事业单位，可以不执行《政府会计制度——行政事业单位会计科目和报表》中的预算会计内容，只执行财务会计内容。也就是说，纳入部门预决算管理范围的收入、支出，就要进行预算会计的核算；不纳入部门预决算管理范围的收入、支出，就不要进行预算会计的核算。

二、财务会计科目与预算会计科目的关联关系

具有关联关系的收入和预算收入类、费用和支出类、货币资金类科目情况如表3-3、表3-4、表3-5所示。

表3-3　具有关联关系的收入和预算收入类科目

财务会计科目	预算会计科目
财政拨款收入	财政拨款预算收入
事业收入	事业预算收入
上级补助收入	上级补助预算收入
附属单位上缴收入	附属单位上缴预算收入
经营收入	经营预算收入
非同级财政拨款收入	非同级财政拨款预算收入
投资收益	投资预算收益
捐赠收入	其他预算收入
利息收入	
租金收入	
其他收入	
短期借款、长期借款	债务预算收入

表 3-4　具有关联关系的费用和支出类科目

财务会计科目	预算会计科目
业务活动费用	行政支出、事业支出
单位管理费用	事业支出
经营费用	经营支出
上缴上级费用	上缴上级支出
对附属单位补助费用	对附属单位补助支出
所得税费用	非财政拨款结余——累计结余
资产处置费用、其他费用	其他支出
短期投资、长期股权投资、长期债权投资	投资支出
短期借款、长期借款	债务还本支出

表 3-5　具有关联关系的货币资金类科目

财务会计科目	预算会计科目
库存现金	资金结存——货币资金
银行存款	
其他货币资金	
零余额账户用款额度	资金结存——零余额账户用款额度
财政应返还额度	资金结存——财政应返还额度

财务会计类"以前年度盈余调整"科目分别与预算会计类"财政拨款结转——年初余额调整""财政拨款结余——年初余额调整""非财政拨款结转——年初余额调整"和"非财政拨款结余——年初余额调整"科目具有关联关系。

第四章

审计信息化的产生与模式分析

随着信息技术发展到云计算阶段，对审计的影响也发生了质的飞跃。随着信息技术的发展，审计系统越来越多地借助信息论、系统论的研究成果开展审计工作，在云计算平台上，云计算技术必然能够为审计提供源源不断的技术创新支持，从而带动审计技术的革新，云审计将成为未来审计发展的必然趋势。随着云计算的发展，云计算不断影响互联网以外的行业，并进一步影响会计、审计行业，给审计带来新的挑战。

第一节　审计信息化的产生

一、审计信息化的概念

审计是人类社会经济发展到一定阶段的产物。无论在中国还是在其他国家，审计都是在一定经济关系下，为维护所有者利益或社会公众利益而进行的一种经济监督和评价活动。受托经济责任（accountability）是审计产生和发展的一般客观基础。在人类社会发展过程中，随着生产力水平的不断提高，社会财富迅速集中到少数人手中。当财产所有者不能直接经营和管理其所拥有的财产时，就需要委托他人代表经营和管理，这种所有权和经营管理权的分离就产生了委托和受托的关系——受托经济责任关系。

审计不是一种个人行为，而是一种社会经济的行为。某一种审计的产生与发展，都是有赖于社会经济环境的某种需要，对审计活动所提供的信息的需求。所谓审计的客观基础，就是审计所赖以产生和发展的，源于社会经济环境的某种需要。审计的客观基础是研究审计基本理论的起点。正由于存在着这种客观基础，审计才得以产生和发展，并且充满着生命力。如果这种客观基础消失，或者根本就不存在，审计就会缺乏生命力，即使勉强产生也会很快消亡。

随着计算机技术的普及应用，审计信息化也全面展开。在讨论其概念之前，笔者认为有必要对其相关的概念进行阐述以此来加以区分。

（一）电算化审计（computerized audit，CA）

在管理信息系统中，某些企业单位利用电子信息技术对企业的会计信息进行管理，并将人工与电子计算机结合。在这种情况下，人工的记账、算账、报账就会被计算机技术所代替，针对这种情况的发生，审计人员必须对采用了电算化的企业进行审计，这就是所谓的电算化审计，审计的对象为电算化会计信息系统。

（二）计算机审计（computer audit，CA）

根据日本会计检察院计算机中心的观点，计算机审计有两方面的含义：一是对计算机系统本身的审计，包括系统安装、使用成本，系统和数据、硬件和系统环境的审计；二是计算机辅助审计，包括用计算机手段进行传统审计，用计算机建立一个审计数据库，帮助专业部门进行审计。

李学柔和秦荣生编写的《国际审计》中做如下定义："计算机审计与一般审计一样，同样是执行经济监督、鉴证和评价职能。其特殊性主要在两个方面：一方面，对执行经济业务和会计信息处理的计算机系统进行审计，即计算机系统作为审计的对象；另一方面，利用计算机辅助审计，即计算机作为审计的工具。概括起来说，无论是对计算机进行审计还是利用计算机进行审计都统称为计算机审计。"至于电算化审计与计算机审计在内涵上人们的理解基本相同。

可见，对"计算机审计"一词的理解普遍存在两个方面，即对计算机进行审计和利用计算机进行审计。

根据这个定义，下列审计活动均属计算机审计：

（1）审计人员用手工审计方法和技术对电算化信息系统所进行的审计。

（2）审计人员用计算机审计方法和技术对手工信息系统所进行的审计。

（3）审计人员利用计算机审计方法和技术对电算化信息系统所进行的

审计。

（三）计算机辅助审计（computer assisted audit，CAA）

在不改变审计的总体目标和范围的情况下，将计算机技术应用于审计程序。CAA 主要关注的是将审计方法、技术和手段进行必要的计算机化。审计署则认为："计算机辅助审计，是指对被审计单位与财政、财务收支相关的计算机应用系统运用计算机进行辅助审计，计算机作为审计机关和注册会计师等审计人员的审计工具。"

（四）审计信息化

一直以来，许多人都对现代审计信息化建设的认识存在误区，认为审计信息化就是计算机审计，在审计工作中贯彻使用了计算机就是实现了审计的信息化建设。其实计算机的应用只是基础，把信息化的思想贯彻到每一个审计人员以至每一个财会人员的脑中，抛开旧有的审计方法、模式，运用计算机技术，通过网络互联，对企业的财务成果和经营活动进行在线实时的远程审计和实时监控，从质上改变审计人员的工作方式，把审计人员从繁杂重复的数据记录、整理、分析中解救出来，极大地提高审计工作效率，并从根本上提高审计质量，这才是现代审计信息化的思想。

事实上，目前对现代审计信息化的内涵有多种说法。诸如计算机审计、信息系统审计、网络审计、远程审计等。每种说法、每种认识分不同的时段、不同角度来考虑，但都是偏重审计手段的管理。实际上，审计信息化不仅包含了审计手段，还包含了执行的全过程。它所涉及的也不仅仅是审计手段的改变，还有审计人员的知识结构等。就目前而言，现代审计信息化在现阶段即表现为网络审计。由于网络审计的研究还处在探索的阶段，我们可以从两个方面来理解网络审计的概念。首先，从审计对象的角度来看，网络审计就是对被审计单位的网络会计信息系统和基于网络系统的经济活动（如电子商务）以及反映这些活动的会计信息进行审计。其次，从审计手段的角度来看，网络审计就是利用计算机网络及通信技术辅助审计人员进行的审计。在网络审计模式下，审计人员需要硬件和软件两方面的网络技术支持。由此可见，现代审计信息化是一个广泛的概念，它存在于审计发展的各个时期。随着审计手段的发展，它也将随之向前发展，并再赋之以新的内涵。

二、审计信息化的产生

（一）审计信息化产生的背景

1. 信息技术发展的推动

信息时代的到来，会计电算化以其高效、自动、方便、准确、及时等优点正日益受到广大会计人员的欢迎。我国会计电算化正走向普及，应该说电算化是其会计发展史上的一次飞跃。同时，这个飞跃也给审计工作带来了很大的影响。主要表现在以下几个方面：

（1）审计环境的改变。由于各单位会计电算化系统的使用要求和环境大不相同，应用程序也各具特点。从使用的系统来看，大致分为购置的商用会计软件系统和自行开发的会计软件系统两种类型。

但各种会计软件自身的缺陷也给审计工作带来了很大的困难。例如，各种会计软件的数据库千差万别，其防范保密措施也各显神通，给审计人员开发通用的审计软件带来了困难。在系统安全方面及内部控制方面也需要人工予以辅助来加强系统的管理。

（2）审计线索的改变。在手工系统中，由原始凭证到记账凭证，由过账到财务报表的编制，每一步都有文字记录，都有经手人签字，审计线索十分清楚。但在电算化会计系统中，传统的账簿没有了，绝大部分的文字记录消失了，代之的是存有会计资料的磁盘。此外，从原始数据进入计算机，到财务报表的输出，这中间的全部会计处理集中由计算机按程序指令自动生成，传统的审计线索在这里中断、隐藏并消失了。

（3）会计系统内部控制的改变。国际审计都是以内部控制系统为基础的。显然，手工会计系统原有的内部控制已不能适应电子数据处理的新特点必须考虑电算化系统的特点，针对其固有的风险，建立新的内部控制。如何识别、研究、审查和评价这些新的内部控制，尤其是程序化的内部控制，是会计电算化给审计提出的又一个新挑战。

（4）审计内容的改变。在电算化会计信息系统中，会计事项由计算机按程序自动进行处理，如果系统的应用程序出错或被非法篡改，则计算机只会按给定的程序以同样错误的方法处理所有的有关会计事项，系统就可能被嵌入非法的舞弊程序，不法分子可以利用这些舞弊程序大量侵吞企业的财物。系统的处理是否合格、合法、安全可靠，都与计算机系统的处理和控制功能有直接关系。电算化会计信息系统的特点及其固有的风险，决定了审计的内容要增加对计算机系统处理和控制功能的审查。在会计电算化条件下，审计人员要花费较多的时间和精力来了解和审查计算机系统的功能，以证实其处理的合法性、正确性和完整性，从而保证系统的安全可靠。

（5）审计技术的改变。在手工会计处理的条件下，审计可根据具体情况进行顺查、逆查或抽查。审查一般采用审阅、核对、分析、比较、调查和证实等方法。所有审查工作都是由人工完成的。在会计电算化条件下，会计的特点决定了审计的内容和技术的改变。虽然人工的各种审查技术仍很重要，但计算机辅助审计是必不可少的审计技术。

（6）对审计人员的要求更高。在会计电算化条件下，不懂得计算机的审计人员，因审计线索的改变而无法参与审计；不懂得电算化会计系统的特点和风险而不能识别和审计内部控制；不懂得使用计算机而无法对计算机进行审查或利用计算机进行审计。

2. 电子商务的迅猛发展

电子商务在经济全球化形势下的迅猛发展使企业在各个方面都发生了

深刻的变化。电子商务和会计信息化对审计工作的影响，是审计人员面临的新挑战，面对信息技术的挑战，我国审计界必须采取应对新挑战的措施。在电子商务环境下，企业面对一个全新的网络空间，交易信息以光速在网上传递。其运作主要由计算机信息系统按先进的管理模式控制。企业确认客户订购，安排生产计划，控制采购计划，进行账务处理都由系统自动完成，经营管理走向网络化与自动化。电子商务与网络经营使企业的经营观念、组织结构、管理模式、交易授权等发生巨大变化，审计人员必须适应这种审计环境。例如，仅从对注册会计师的影响角度考察（增加了注册会计师的执业风险、拓宽了注册会计师的业务范围、促使会计师事务所改变其经营方式），审计环境就发生了新变化。

3. 审计技术创新的必然选择

从免疫过程看，发挥免疫作用的前提条件是免疫识别。审计要发挥"免疫系统"功能，首先要进行审计"免疫识别"，而审计"免疫识别"离不开先进的审计技术方法。就如同传统的"望、闻、问、切"诊疗方法发展到各种高科技诊疗方法一样。随着信息技术的快速发展，传统手工条件下的审计技术遇到了来自计算机技术的严峻挑战。审计对象的信息化要求审计手段必须信息化，否则审计人员将面临进不了门、打不开账的无奈局面。因此，对审计技术创新而言，当前最重要的就是如何实现审计手段的信息化，如何走好科技强审之路；否则，面对"病毒"，免疫系统则无法识别、确认，其功能也无法发挥。信息化审计手段的固有优势与"免疫系统"功能的特点相吻合。

一是宏观性。传统审计关注的都是某个具体的受托责任关系，而审计免疫系统论关注的则是整个社会经济系统中的受托责任关系。对审计发现的问题产生直接原因和深层次原因全面进行分析，提出针对性强、操作性强的建议，为领导进行宏观决策提供依据。信息化审计则突破了原有手工条件的束缚，对单位大量业务和财务数据，包括信息化系统本身进行分析、审查，显然更有利于从宏观层面进行分析。

二是预见性。免疫系统的最大功能就是在病毒入侵时，能及时识别、确认，并将其清除，而不是等病毒扩散之后处理，体现了预见性。信息化审计则很好地契合了这一点，一方面，工作效率极大提高；另一方面，一些新的技术，如联网审计，可以使审计关口前移、事先介入，随时跟踪，及时发现存在的问题，并予以解决。

三是建设性。审计工作建设性的作用是审计作为经济社会运行一个"免疫系统"的基本要求，要在全面认识的基础上科学分析，努力揭示体制、机制上的原因，从根本上提出建设性意见，促进国家经济平稳、健康运转。而建设性与宏观性是相辅相成的，信息化审计做到了微观与宏观的有机结合，特别是实现了数据的宏观分析，有利于提出建设性意见。

（二）审计信息化的产生

审计信息化是在计算机审计的基础上发展起来的。世界上最早开展计算机审计的有美、英等工业发达国家。美国在 1969 年成立 EDP（电子数据处理）审计师协会，审计行业独立出来，颁布计算机审计法规、条例、规程。英国审计署早在 20 世纪 70 年代已使用计算机初步审查方法，并特别重视政府各部门和公营机构的审计。英国还重视计算机辅助审计软件的研制，如 NAOMI、SM-ART、COMPASS 等。日本会计监察院 1963 年成立了研究 EDP 系统的审计软件。1976 年，德国审计院和法院草拟了 EDP 审计要点，并研制了适合于中大型机和微机使用的审计软件。不仅是工业发达国家，而且在发展中国家，如马来西亚、印度、韩国、沙特等国在近 20 年来也尽力发展计算机审计。发展计算机审计已得到世界各国的共识，并投入大量的财力和人力，研究和开发计算机审计软件，提高审计人员应用计算机审计的水平。这不是什么权宜之计，而是实实在在的百年大计、长远之计。

目前，大多数发达国家已普遍实行了计算机审计。许多重要单位的电子数据处理系统相互联结成大型的计算机网络，审计机关或大型的会计师事务所通过企业局域网和广域网，可以把自己的计算机终端联到这些大型的计算机网络上。审计时，审计人员只要在自己的终端上就可以调取被审单位的有关资料，进行网上实时、在线审计。不少国际性的会计公司都成立了专门的机构，负责研究计算机审计技术以及审计实务。近年来，国际软件市场涌现出了许多通用或专用的审计软件，审计软件的商品化也促进了计算机审计的发展。

我国审计信息化建设自 20 世纪 80 年代在我国开始兴起到现在，已经度过了三十多个春秋，概括起来主要经历了以下三个阶段：

第一阶段：1994—1996 年，我国审计信息化的起步阶段。这个阶段，计算机刚开始出现于审计工作中，但因当时计算机的价格相当昂贵，因而配备数量很少，且当时国内缺乏相应的汉化软件，计算机只是作为少数专业人员的办公文字处理工具。

第二阶段：1995—1998 年，审计信息化的初步应用阶段。计算机审计开始在更为广阔的工作领域里应用，而在 1997 年审计署下发的《全国审计机关办公决策服务系统技术方案指导书》的指导下，全国省级以上的相关机关都开通了各自的远程通信网，实现了资源的简单共享，能够使用计算机直接对相关企业部门进行直接审查。

第三阶段：1998 年至今，此时审计的信息化建设已经逐步进入统筹规划和系统建设的阶段。1999 年 7 月 1 日起正式实施的《独立审计具体准则》中，更是在 1997 年版的基础上增加了第 20 条，即《独立审计具体准则——计算机信息系统环境下的审计》，用准则来规范计算机审计的实施，使审计信息化建设的路基越来越牢固，审计信息化的路越走越宽。在审计信息化建设的浪潮中，就全国范围来说，除了那些审计署指定的金审工程的试点城市以外，中西部地区的审计信息化建设相对而言进行得比较差，而沿海地区则因其政策较为开放，行动更快，机制更加灵活，并且有强大的经济后盾，经济来源更加广泛，因而进展迅速。

在理论研究方面，近几年来，各种杂志上已发表了一些价值较高的有关计算机审计的论文，审计署已举办了多次计算机审计研讨会，许多财经院校、审计科研机构已将计算机审计列为重要的研究课题。在审计实务方面，已有一批计算机审计软件在审计实践中取得了明显的效果，从而提高了审计效率与质量。

1991 年，审计署组织有关专家、教授对全国审计系统研制开发的九项计算机软件进行了技术鉴定，九项成果全部通过鉴定，其中包括审计署综合司与太原市审计局合作开发的《工业企业承包经营责任计算机辅助审计系统》。

1993 年 9 月 1 日，审计署发布的中华人民共和国审计署令第 9 号《审计署关于计算机审计的暂行规定》，是建立电算化系统审计标准的初步尝试。

1996 年年底，审计署颁布了《审计机关计算机辅助审计办法》，明确了计算机辅助审计的内容和范围、计算机辅助审计人员的资格、计算机辅助审计的注意事项等，这对于规范审计机关开展计算机辅助审计，提高计算机辅助审计的工作质量具有重要的意义。

2001 年年底，国务院办公厅发出了《关于利用计算机系统开展审计工作的通知》，强调审计机关有权检查被审计单位运用计算机管理财政、财务收支的信息系统。该通知规定，被审计单位应配合审计部门对其动用计算机管理财政、财务收支信息系统进行检查，并按照审计机关的要求，提供相关的电子数据和必要的工作条件，不得拒绝、拖延提供或者拒绝、拖延检查。同时指出，审计机关发现被审计单位的计算机信息系统不符合法律法规和政府有关主管部门的规定、标准的，可以责令其限期改正或者更正；发现故意使用有舞弊功能的计算机信息系统的，要依法追究有关单位和人员的责任。

第二节　信息化审计模式

　　信息时代电子商务的发展、ERP 软件的应用和业务流程重组的实施，使审计环境发生了明显的变化。手工审计对此难以胜任，网络环境下的远程和实时审计已变为可能，审计的功能得到了加强和发展，审计可以渗透到企业经济活动的整个过程之中。企业经营管理活动所表现出的物流、资金流、信息流在计算机信息系统中高度整合，几乎所有原始资料都能实现电子化。这些变化将促进手工审计模式向信息化审计模式过渡，这就需要深入研究信息化审计理论，用以指导开发审计软件和普及信息化审计实务。

一、账套式审计模式

　　账套式审计是在信息化财务系统和计算机审计条件下产生的一个新概念。它是指，当审计人员从被审计单位财务系统中导入相关数据后，将其整理转换为传统意义上的账目系统，然后再进行检查的审计模式。在这种模式下，审计的重心依然是账目系统，只不过是由纸质账目系统转换为电子账目系统。如果将电子账目系统打印成纸质账目系统，则审计就又变成了传统的账目基础审计。

　　账套式审计取证模式包括账套基础审计模式（数据还原为电子账套，不以系统内部控制为基础）和账套式系统基础审计模式（数据还原为电子账套，以系统内部控制为基础）。

　　在信息化环境下，账套式审计可以采取账套基础审计模式，也可以采取系统基础审计模式。这里的"系统"是指"计算机系统内部控制"。系统基础审计相当于纸质环境下的制度基础审计，只不过制度基础审计评价的是内部控制制度，系统基础审计评价的是系统内部控制。若采取账套基础审计模式，它唯一的审计对象就是电子账套；若采取系统基础审计模式，它有两个对象：一是系统内部控制；二是电子账套。

账套式审计模式不是现阶段我们提倡的计算机审计方式。但由于这种审计方式与传统的手工审计方式有很多相似之处，所以更容易被审计人员接受，因此在目前的实务中也仍被大量采用。

二、数据式审计模式

（一）数据式审计模式的概念

数据式审计模式是石爱中副审计长在 863 课题结题论文《初释数据式审计模式》一文里提出的新概念。数据式审计模式的提出，标志着这一全新审计方式的诞生。它是真正意义上的计算机审计，代表了信息化环境下计算机审计的真正未来。

数据式审计模式不同于以往任何一种审计模式，它不是审计账目或信息化环境下的电子账套，而是将电子数据作为直接的审计对象，而不必将其转换成规定的电子账套。根据审计对象的差异，我们可以将数据式审计模式分为以下三种类型：

第一种是数据基础审计模式。它是以数据为直接对象的审计方式。在信息化环境下，被审计单位的纸质账目变成了存储在信息系统底层数据库的电子数据。因此，数据基础审计实质上是账目基础审计在计算机环境下的具体体现。

第二种是系统基础审计模式，又叫信息系统审计。它是对被审计单位用于经营决策、业务管理、财务核算的信息系统及其相关的信息技术内部控制和流程进行检查和分析，评估信息系统的安全性、可靠性、有效性、效益性、合法合规性方面存在的问题，提出针对性的审计建议，从而促进信息系统对被审计单位产生正面影响的一系列活动。简而言之，它是以被审计单位的信息系统为审计对象的一种审计方式。在信息化环境下，内部控制制度由手工控制变成了信息系统内部的自动控制，因此系统基础审计模式实质上是制度基础审计和风险基础审计在计算机环境下的具体体现。

第三种是数据式系统基础审计模式。它是以系统内部控制测评为基础，通过对电子数据的收集、转换、整理、分析和验证，来实现审计目标的审计方式。简而言之，它有两个审计对象：一是数据；二是信息系统。因此也可以把它看作是数据基础审计和系统基础审计的结合体。

在实际应用中，可以根据被审计单位的具体情况，结合审计目标、审计内容、审计成本效益、审计组人员与设备配置情况等因素选择不同的数据式审计模式，开展审计。

（二）数据式审计模式的特点

1. 数据式审计的对象主要是电子数据，同时涉及系统内部控制

数据式审计的运用一定是在信息化环境下。如同在纸质环境下一样，系统内部控制的合理性、健全性和有效性直接影响数据的真实性、完整性和正确性。因此，为了控制数据风险，保障审计目标的实现，审计人员首先应该调查、测试和评价系统内部控制。

数据式审计的最大特点就是对电子数据的直接利用。这里所说的直接利用是指审计人员无须先将其转换成电子账套，然后再实施审计程序，但并不是不对系统内部控制进行必要的测评。这种特点使数据式审计可以发挥出其他任何审计模式都无法比拟的巨大优势。

数据式审计模式扩大了审计人员的视野，丰富了审计人员的可用信息。在数据式审计模式下，审计人员可以摆脱传统的电子账套及其所反映的财务信息，深入到计算机信息系统的底层数据库，获取更多更广泛的数据，然后通过对底层数据的分析处理，获得大量的多种类型的有用信息。

2. 数据式审计改变了审计的核心方法

在账目基础审计模式中，审计的核心方法是详查法。在数据式审计模

式中，详查法和测试法已经不再是审计的关键问题，因为计算机手段既可以解决详查问题，也可以解决测试问题（实际上是解决抽查问题）。面对众多数量和类型的数据，关键的问题在于，审计人员是否能够对数据进行有效地分析，并使各种各样的原生态数据转化为对审计人员有用的信息。因此，审计的核心方法应该是数据分析方法。

3. 数据式审计需要创建大量的新型审计技术

数据式审计模式是一种全新的审计模式。既然是全新的模式，当然需要革新传统的技术方法，更需要创建全新的技术方法。举例来说，数据式审计模式的诸多新技术方法中，比较突出的两种是审计中间表方法和审计分析模型方法。

4. 数据式审计需要重塑审计程序和审计管理模式

新的审计模式需要新的审计程序，数据式审计模式当然也不会例外。在数据式审计模式下，审计人员则要经常执行建立某种业务的审计中间表或审计分析模型，并进行某种类型的数据分析等审计程序。这些都需要审计人员去创新、去重构。

传统审计模式中，国家审计的审计过程一般可分为审计准备、审计实施和审计报告三个阶段。但是，在引入数据式审计模式后，审计准备阶段与审计实施阶段的界限变得非常不清。分析其原因可能是：数据分析在审计准备和审计实施中均有涉及，导致阶段界限模糊。如果事实果真如此，我们就应当将审计过程再进行细分，将其直接划分为四个阶段，即审计准备阶段、审计调查阶段、审计实施阶段和审计报告阶段。

5. 数据式审计模式需要重新构筑基础审计理论

首先，审计模式的理论需要修订。现有审计理论概括的审计取证模式是：账目基础审计模式、制度基础审计模式、制度基础审计模式的发展——

风险基础审计模式。信息化审计方式引入后，我们必须对审计取证模式进行重新归纳。

其次，审计方法的理论需要修订。由于审计理论的研究严重滞后于审计实践的发展，现有的审计理论缺乏对信息化条件下审计方法的分类和总结，因而有关审计方法的理论还不能对其做出完整的概括。例如，上述审计中间表方法和审计分析模型方法、多维分析方法及其切片、钻取和旋转技术等都还没有正式总结纳入审计方法体系。

最后，审计程序和审计管理的理论需要修订。目前，有关信息化条件下的审计程序和审计管理理论，基本上还是一片空白，职业界和学术界都还缺乏系统的论述和专著，因而亟待人们去研究、总结和升华。

（三）作业模式

1. 现场单机审计模式

审计人员运用台式机或笔记本电脑，一个个独立地开展工作，相互之间用移动存储设备（U 盘或者硬盘）进行资料交互。这种方式灵活方便，当被审计单位规模小、数据量小时较适用。

2. 现场网络审计模式

审计组在审计现场组建专用的小型局域网，有专门的服务器存放和处理数据，审计人员之间通过局域网进行资料交互，在网上协同工作。这种方式适用于被审计单位规模大、数据量大的情况，也便于审计人员共享信息，有利于对审计进行信息化管理。

3. 远程联网审计模式

审计署审计长刘家义早在 2002 年金审工程建设初期就提出要建设"预算跟踪＋联网核查"的审计模式。这种审计模式就是联网审计。联网审计模式是指审计主体（审计机关）与审计客体（被审计单位）的信息系统通过安全的网络连接，实现对审计客体信息资源的远程采集，集中存储、集中处理、集中分析，运用定制的、可扩展的审计模型对审计课题的海量数据进行审计分析，以实现审计目标的一种计算机审计方式。联网审计适合以下被审计对象：一是需要经常进行审计的单位；二是关系国计民生的重要行业。

4. 手工采集审计模式

审计人员根据被审计单位的具体情况，结合审计目标、审计内容，将审计目标表格化，通过问卷（表）调查法、实地观察法、访谈法、文档查阅法等方法从被审计单位和外部关联单位对相关数据进行手工采集，然后运用统计分析、查询分析、多维分析、数据挖掘等多种技术手段和方法构建模型进行数据分析，以达到把握总体、锁定重点的目的，从而搜集审计证据，实现审计目标的方法。这种方法适合整体项目小、投入审计力量少、审计时间短的"短、平、快"审计项目。

（四）审计流程

1. 审前调查，全面了解被审计单位的基本情况

在采集数据之前，首先通过访谈法、调查表统计法、文档查阅法或实地观察法等方法，对被审计单位的基本情况、核心业务流程及其信息化程度，重点信息系统的软硬件配置、主要功能和管理使用情况等进行充分的调查，从而获得信息系统的数据库类型、数据量、数据生成过程、数据来源和特殊的数据处理流程等信息。在此基础上，提出满足审计需要的数据需求，从而确定数据采集的对象和所采用的技术方法。

2. 采集数据，获取充分的信息

数据的采集是实现数据式审计的前提和基础。在审前调查提出数据需

求的基础上，审计人员可以在被审计单位技术人员的配合下，根据被审计单位的具体情况，按照审计目标，结合审计组人员与设备配置情况等因素，选择合适的采集手段对数据进行采集。一种是利用审计软件或数据库管理系统等采集工具，通过直接拷贝、数据接口、文件传输等方式，有选择性地获取被审计单位和外部关联单位信息系统数据库底层的电子数据。另一种是审计人员将审计目标表格化，通过问卷（表）调查法、实地观察法、访谈法、文档查阅法等方法从被审计单位和外部关联单位手工采集到相关数据。

3. 对采集的数据进行转换、清理和验证

在完成数据采集工作之后，需要对数据进行清理、转换和验证，以满足审计分析的需要。从广义上讲，凡是有助于提高数据质量的程序都属于数据清理工作，主要包括处理冗余数据，如重复行数据、列中冗余数据、冗余字段等；处理空值（NULL）；处理不规范数据，如字段值缺失、带多余空格、取值异常数据等。

数据转换是指将从被审计单位及外部关联单位采集到的数据有效地装载到审计人员可操作的数据库中。通常涉及三种类型：简单变换；日期、时间格式的转换；以及字段值的合并、拆分。简单变换，即转换源数据库中某些字段的类型、长度等，最常见的简单变换是转换一个数据元的类型。对于类型相容（指一种类型数据的值域可以通过常用的转换函数转换映射到另一类值域上，而不会降低数据的精确度）的，可以直接转换；而对于不相容的可通过编写简单程序完成转换。日期、时间格式的转换，即将来自各个数据源的不同格式的日期和时间数据变换成统一的规范格式。字段值的合并、拆分，即将源数据库中的多个字段的值合并成一个字段值，或将源数据库中的一个字段值拆分成多个字段值。

数据验证则贯穿于数据审计的各个阶段，以确认电子数据的真实性、完整性和准确性。主要方法有核对记录数、总金额，检查借贷是否平衡，

顺序码断号，重号验证等。

4. 创建审计中间表

在对数据进行采集、转换、清理和验证后，应根据审计利用数据的方式和目的创建审计中间表。由于数据库中的数据根据范式的要求，往往是按一定的规则进行模式分解后存放于不同的、相互关联的逻辑基本表中；而且由于审计利用数据的方式和目的与管理、核算利用数据的方式和目的不同，满足管理、核算要求的数据表不一定都能够满足审计的需求，所以造成了信息的"分裂"；同时，由于利用外部关联数据带来的信息整合等方面的问题，审计人员通常需要对处理后的数据库中的基础数据进行投影、连接等操作，生成能够体现业务特征、面向分析主题、保持相对稳定和随着审计分析的深入而变化的审计中间表，它为构建审计模型奠定了基础。换言之，审计人员运用的对其进行分析的不是从被审计单位获取的原始数据，而是由审计人员从源数据中生成的审计中间表。

5. 总体把握，构建系统和类别分析模型

审计分析模型是审计人员用于数据分析的数学公式或逻辑表达式，它是按照审计事项应该具有的性质或数据量关系，由审计人员通过设定计算、判断或限制条件建立起来的，用于验证审计事项实际的性质或数量关系，从而对被审计单位经济活动的真实性、合法性和效益性做出科学的判断。审计分析模型有多种表现形态，在查询分析中，表现为一个或一组查询条件；在多维分析中，表现为"切片、切块、旋转、钻取"；在数据挖掘分析中，表现为"设定挖掘条件"。从技术角度看，现在 SQL 查询技术和多维分析技术是两类主流的数据分析技术，而数据挖掘技术尚处于探索状态。通常情况下，审计人员应该按照"系统分析模型→类别分析模型→个体分析模型"的流程来构建审计分析模型。也就是说，数据分析应该从总体到

细节。

系统分析模型是通过对被审计单位资产、负债、损益、现金流情况的分析，对主要财务、业务指标的计算分析，从整体层次上全面地、系统地分析、评估、把握被审计单位的总体情况，对其主要特点、运营规律和发展趋势形成一个总体的概念和认识，同时初步确定审计重点范围。

在对被审计单位进行系统分析把握总体情况的基础上，还需根据被审计单位的主要业务类别分别建立起类别分析模型，从业务类别的层次上进行分析，查找经营管理的薄弱环节，锁定各主要业务类别重点审计的内容、范围。

6. 针对突破口，建立个体分析模型

通过构建系统分析模型和类别分析模型，对被审计单位电子数据进行整体层次和业务类别层次的总体分析后，我们还应建立起不同的个体分析模型，对总体分析模型锁定的审计重点进行进一步深入分析，以达到核查问题或筛选审计线索的目的，从而为延伸取证提供明确具体的目标。

三、远程联网审计模式

（一）远程联网审计模式的概念

远程联网审计就是运用审计信息系统，在网络环境下借助大容量的信息数据库，利用网络资源的共享性、快捷性和广泛性的特点，对客户的相关信息进行采集、整理、分析，进而得出审计结论的过程。审计人员在获得必要的权限后，利用网络审计信息系统和网络，使大量分散的信息在较短的时间内得以集中、整理、分类。这样一来，便可完整、快速地获取企业会计和经济业务数据，并做进一步的计算、分析、检查和核对，大大减少了审计工作量和审计成本，以提高审计效率。

（二）数据采集方式

目前，联网审计的常见实现模式主要有以下三种，即联网报送电子数据模式、建立联网审计数据中心模式和在被审计单位计算机系统上设置审计接口模式。

1. 联网报送电子数据模式

在该互联网审计模式下，通过在审计机关与被审计单位之间建立网络互联，实现被审计单位定期、定时向审计机关传递电子数据。该模式适合审计机关与电子数据量相对较小的被审计单位互联。

2. 建立联网审计数据中心的模式

在该联网审计模式下，不是审计机关直接与被审计单位建立互联，而是在审计机关与被审计单位之间建立联网审计数据中心。被审计单位电子数据迁移至联网审计数据中心的基础上，审计机关再与联网审计数据中心建立互联，以基础通用数据库、基本操作系统、通用审计系统应用平台、通用业务数据结构标准、通用数据接口标准、通用存储备份标准、通用计算机审计规范和通用审计模型开发标准为基础，实现异地联网审计。

3. 在被审计单位计算机系统上设置审计接口的模式

在该联网审计模式下，在被审计单位计算机系统上设置审计接口，审计机关与被审计单位建立网络互联后，通过该接口可直接访问被审计单位的数据库。在此模式下，由于审计机关直接访问的是被审计单位业务计算机系统上产生的数据，可以实现对数据的实时审查，做到异地实时审计。

（三）审计系统体系结构

通过网络进行审计的网络审计信息系统是审计中心通过网络获得被审

计单位的会计信息并进行审计。审计人员就不必亲自到审计单位，这样可以降低审计成本并且使审计人员更好地保持独立性。上述模式的系统由三个部分组成：审计中心（服务器）、被审计单位（客户机）和网络环境。客户中心在服务器端配备大容量的存储器。被审计单位会计信息系统的所有会计信息都实时地传输到审计中心，由审计中心统一保存，审计中心随时对保存在本地的审计信息进行审计。由于被审计单位的所有会计信息都在审计中心，被审计系统可以不设数据库，有关数据库的操作都可以请求服务器来完成，但这样可能导致服务器不堪重负，因此被审计系统最好自设数据库，保留本端数据，相当于做一个备份。在这种模式下，审计中心进行审计时不需通知被审计系统，更进一步提高会计信息审计的真实性和审计的可靠性。

（四）审计流程

1. 数据采集

数据采集是网络审计中的一个初始环节，是审计测试和审计抽样的数据来源的根本渠道。此环节通过以审计信息系统和被审计单位的财务信息系统的对接，使将被审计单位的财务数据按照通过已加密的传输通道，从被审计单位的财务信息系统的接口中导入到审计部门的数据系统中，从而实现数据采集。数据从被审计单位的财务信息系统转换到审计单位的审计信息系统并不改变它的内容，只是从形式上改变它在被审软件系统中的识别标志，从而可以按照审计信息系统要求的标志为审计信息系统所识别。数据采集是网络审计系统工作的基础，对于企业通常只需要导入科目表、期初余额表、凭证库表就可以生成相应的会计明细账、总账、各种报表等信息。还可将原始数据加入相应的数据库，以备核查并其他功能模块共享。

2. 数据整理与转换

数据整理是对从被审计单位采集来的数据进行分析，查找审计对象潜在的问题、疑点和异常情况，并得出初步意见，主要涉及数据的匹配与合并。通过匹配，发现重复的对象；通过合并，保留或生成一个完整的对象。数据整理活动的核心是近似重复对象的识别。如果两条记录在某些字段上的值相等或足够相似，则认为这两条记录互为近似重复。我们把从被审计单位数据到审计中间表数据之间所需要的各种操作均刻画为转换操作，在审计数据的转换过程中，一个转换将源对象利用一种转换规则转换成一组目标对象。源对象和目标对象都是数据对象集合的元素。数据对象集中的元素能够是任何类型的数据元素，但是典型的是表、列或表示在内存中暂存对象的模型元素。通常，转换也可以产生一系列的临时数据。那些必须一起执行的转换被归类到相应的转换任务中。在执行时，转换步骤是用来协调转换任务之间执行情况的控制流。每个转换步骤执行单一的转换任务，这种转换任务既可以是从源对象利用一种转换规则转换成一组目标对象，又可以是源对象经过多种转换规则转换成一组目标对象。

3. 数据处理

对预处理后的财务电子数据采用查询、统计、抽样、汇总、计算等技术进行分析处理。

4. 符合性测试

进行符合性测试工作按照计划安排，依照审计程序，对所审计对象进行符合性测试，主要通过填表或回答问题方式完成调查表，通过程序进行统计，分析出符合性测试结果。

5. 实质性测试

在已做好符合性测试的基础上进行实质性测试。审计程序会自动形成各科目固定格式的审定表，审计人员要进一步套用模板，形成诸如现金盘点、固定资产折旧、应付福利费等的计算表，将分析和测试后的数据归档存入审计工作底稿。

四、连续审计模式

（一）连续审计模式的概念

连续审计模式在国外运用得比较成熟。20 世纪 50 年代，审计职业界开始反省传统期间审计的效率和效果，出现了连续审计的萌芽，审计职业界开始思考是否可以将审计工作分散于全年。审计师可以提前接受委托，甚至在年初就可以开始年度审计工作。这是最早提出的连续审计思想，虽然将年度财务报告审计工作分散于全年，但审计期间并没有发生变化，而且仍是以人工审计方式实现的。

根据 CICA 和 AICPA 发布的研究报告，连续审计（continuous auditing，CA）是"一种审计方法，这种方法能让独立的审计人员，在审计事件发生的同时或者发生后的极短时间内，通过审计报告提供关于审计对象的书面证明"。与我国停留在传统审计基础上的连续审计的概念不同，国际上的连续审计概念将 IT 技术高度整合进了审计领域，融合了实时审计、计算机辅助审计、互联网审计、非现场审计等方式，实现审计人员和被审计单位电子数据的及时连接和交互，克服当前审计的滞后性。随着信息技术的进步、电子商务的普及以及管理决策对信息实时性需求的日益增强，连续审计将成为信息化时代审计模式发展的必然趋势之一。

（二）连续审计模式的特征

连续审计与传统期间审计相比，具有以下一些不同的特征：

1. 是一种技术驱动型审计

连续审计的实现在很大程度上依赖信息技术，技术在自动化例外和（或）异常的识别、关键数值领域内数据模式分析、趋势分析、详细交易分析、控制测试、组织中纵向比较分析和与其他相同企业之间的横向比较分析中扮演着关键的角色。

2. 具有不间断性和循环性

审计师在一个更连续、更频繁的基础上实施与审计相关的活动。

3. 强调审计实施的即时性

审计师在委托事件发生的同时或稍后很短的时间内，就可以为委托事件提供常青的审计报告（evergreen audit report）。

4. 是一种基于异常（例外）事项的审计

审计师根据规定的标准进行交易和控制测试来识别异常（例外）情况，以供执行额外程序。

5. 可以经济地实现详细测试

连续审计利用技术自动执行控制和风险评估的方法，使审计策略从传统的交易样本的周期性符合向对所有交易进行连续测试的转变在经济上成为可能。

（三）审计技术

从连续审计的 IT 技术原理看，连续审计类似于病毒扫描。基本的技术框架是：在连续审计自动执行审计程序的过程中，任何与初始设置不相符或者异常的记录都将引起审计软件的报警，并通过电子邮件等形式传送到客户和审计人员那里，审计人员据此决定采取相应的措施，所有这些程序将通过信息系统自动完成。现有关于 CA 的 IT 技术探讨，主要可以归纳为两方面：一是运用嵌入式审计模块；二是运用连续审计代理。

1. 嵌入式审计模块

早期的研究主要关注于运用嵌入式原理来解决连续审计问题。从实际的审计程序上看，审计人员需要运用嵌入式审计模块（EAMS）测试企业的内部控制，运用分析程序来证实财务报表的真实性。此时，许多传统的实质性测试方法都没有太大的改变，只是收集审计证据的手段发生变化。有许多已经发展起来的具体方法，这些方法主要是通过在客户应用系统中嵌入或者连接上专门的连续审计程序进行操作。例如，ITF 是通过审计模块向客户的信息系统引进虚拟检测数据，通过查看客户信息系统处理虚拟数据的结果，来检验信息系统处理真实数据的真实性、可靠性和全面性。但类似 EAMS 的方法因为需要修改客户的应用系统，存在三个比较突出的问题：一是必须有相应的 [此处原文为"相应的大量"，不符合中文习惯，改为"相应的大量"] 系统专家，由此造成实施连续审计的成本很高；二是审计客户很可能不情愿，担心连续审计会造成自身信息系统的不稳定，或者外部审计人员在连续审计过程中获取了自己的非公开信息；三是连续审计模块本身就需要处理大量的数据，难免会对客户的信息系统造成负担，影响系统整体运行效率。这些问题导致运用 EAMS 很难使连续审计被大范围推行。

2. 连续审计代理

从现有文献看，连续审计代理主要是通过网络启动数字代理实现连续审计。与嵌入式模块的区别是，审计人员可以通过网络向数字代理输入命令以半自动的方式启动审计，而且通过网络进行审计不会过度占用客户的系统资源，由此可以克服嵌入式模块的主要缺陷。在全网络、局域网和内部网已经盛行的情况下，通过网络运用审计代理实现连续审计是一种更为有效的方案。这种研究主要是配合当前会计信息披露的网络化趋势进行的。

（四）审计要素

连续审计模式的构成要素包括信息收集系统、数据库、网络服务器和审计界面四方面的基本要素，每一个要素的内涵和应具有的功能具体如下：

1. 信息收集系统

该系统包括被审计单位信息系统和审计单位信息系统，其中被审计单位信息系统收集经济交易的数据并处理该数据生成财务报告，包括通用财务报告信息模块和非通用财务报告信息模块；审计单位信息通过连接上述两个模块实现对系统数据的收集。

2. 数据库

数据库主要用来存储财务信息、数据结构、财务信息关系和访问控制。被审计单位数据库存储明细会计数据的实例文档，审计单位数据库存储XARL文档。

3. 网络服务器

网络服务器主要负责信息的发布和使用者访问的接受，通过网络将使用者的界面同网络服务器连接起来。

4. 审计界面

审计界面主要实现利用 XARL 对被审计单位的数据进行审计服务，生成 XARL 文档，为使用者提供经合理保证的鉴证信息。

五、导入式智能审计模式

（一）导入式智能审计模式的概念

导入式智能审计模式将在被审计单位实现会计信息化的基础上，强调"数据导入""智能审计"以及"会计审计软件一体化"三个主要概念。首先是导入会计信息化的基础性数据，如科目编码、记账凭证和年初余额三大类数据；其次是运用会计审计一体化软件，对导入的基础性数据实现全面重算，以核实被审计单位的账表，进而彻底摆脱会计软件的误导，将现代风险导向审计的重点放在记账凭证上，并对其实现智能化审计。

（二）数据采集

导入式智能审计模式的数据导入可采用 ASP 来进行数据库的访问，通常采用 IDC（Internet Database Connector）、ADO（Active X Data Objects）、RDS（Remote Data Service）等三种方式。由于数据接口国家标准的出台，这些技术将被软件厂商应用于其通用数据接口中，数据导入可以平滑流畅地实现。由于"智能审计"着眼于被审计单位的记账凭证，要实现对"海量"的记账凭证数据进行审计，除了用传统的分析性复核等方式进行审计之外，必须应用计算机技术发展的新成果，如数据仓库技术（Data Warehousing，DW）、联机分析处理技术（Online Analytical Processing，OLAP）、数据挖掘（Data Mining，DM）等来实现有效的智能审计。当然，导入式智能审计模式是一个宽泛的概念，随着信息技术的飞速发展，其实现的技术手段将日新月异，"智能审计"在不同的时期将会被赋予新的内涵。

（三）基本原理

在会计凭证、会计账簿和会计报表三大审计对象中，传统审计模式总是将主要精力放在会计账簿和会计报表上，这很容易被会计信息化软件牵着鼻子走，难免会出现重大错报。导入式智能审计模式将在被审计单位实现会计信息化的基础上，强调"数据导入""智能审计"以及"会计审计软件一体化"三个主要概念。首先是导入会计信息化的基础性数据，如科目编码、记账凭证和年初余额三大类数据；其次是运用会计审计一体化软件，对导入的基础性数据实现全面重算，以核实被审计单位的账表，进而彻底摆脱会计软件的误导，将现代风险导向审计的重点放在记账凭证上，并实现智能化审计。很明显，导入式智能审计模式彻底丢掉了被审计单位的会计账簿和会计报表，最后就只剩下记账凭证一个审计对象。这对创新审计观念，强化审计的主动性与独立性，指导审计软件开发，实现我国一体化计算机现代审计具有重要的现实意义。

（四）主要技术手段

当前，计算机审计是处于一个网络化的大环境，因此，导入式智能审计模式的"数据导入"环节，其数据导入可采用 ASP 来进行数据库的访问。

六、神经仿生系统审计云模式

（一）神经仿生系统审计模式的概念

基于云计算的技术基础，提出审计系统专用私有云——"审计云"的概念。审计云依照仿生学原理，仿照人体神经系统结构，构成国家治理的神经系统，实现审计系统内部从计算能力、数据、软件服务等方面的高度共享。

审计云仿生人体神经系统结构概述。神经系统（Nervous System）是机体内起主导作用的系统，分为中枢神经系统和周围神经系统两大部分。其基本结构和功能单位是神经元（神经细胞），而神经元的活动和信息在神经系统中的传输则表现为一定的生物电变化及其传播。与人体神经系统相对应，审计云分为中枢审计云系统和周围审计云系统，中枢部分包括脑（设置在审计署计算机中心的大型云计算中心）和脊髓（设置在审计署派出机构的云计算分中心），组成审计云的中枢神经系统。外围部分包括各省级审计机关所设置的云计算分中心。这些分中心，每一个均可作为本省级单位的审计云中枢神经系统，同时集体构成全国审计云的外围部分。在省级单位下层，仿照审计云的整体组织架构向下部署云计算中心或者终端站点，从而将审计云在全国铺开。

各层次云计算中心内部组成。各层次审计云计算中心依据在审计云中的地位不同，配备不同性能及规模的设备。但是，其内部组成结构及功能相仿。所有云计算中心中的设备需遵守即插即用、即拔即废、对用户透明等基本原则。各层次云计算中心主要由服务器集群、数据存储中心、数据分析中心、若干终端等组成。

（二）关键技术

审计云计算平台的实施基础是更高层次的虚拟化技术，它将硬件、软件、数据、网络、存储等逐一隔开，达到集中管理、动态调配和按需使用的目的，从而提高了系统整体的弹性和灵活性，降低了管理成本和风险，改进了应用服务的可用性和可靠性。其关键技术如下：

一是跨平台的互操作性。审计云计算平台将帮助用户通过一个虚拟的逻辑层接入系统，发现、使用并管理所有的计算资源，减少因支持多种类型软硬件平台而导致的系统管理复杂度和不稳定性。

二是高效、可靠的数据传输交换。审计云平台的可靠性和安全性依赖于一个高效、可靠的数据传输交换系统，实现在网络不稳定的情况下保证数据通道的畅通性。

三是高效的分布式事件和事务处理。高效的分布式事件和事务处理机制可以在异构多环境的网络世界把各地分散的计算资源用结构化的方式整合在一起，从一个无序体系中构建出高可靠、高性能的具有强大处理能力的审计云计算平台。

四是动态负载均衡和群组管理调配。整合了动态负载均衡和群组管理调配机制的审计云计算平台能够实时地监测全系统各个节点的运行状态，动态地调整和均衡全系统范围内不同资源的负荷，从而很好地解决了大规模系统的合理使用和有效管理问题。

五是智能化的服务总线。智能化的服务总线可以在审计云计算平台中通过定义良好的接口将系统的应用和资源联系起来，然后根据需求进行分布式部署、组合和使用，使这些应用和资源转变为可共享的标准服务，并实现服务的"即插即用"。

六是工作流引擎。审计云计算平台的工作流引擎让使用者只需通过简单的编程提交需要完成的计算任务和数据，系统就可以自动处理包括数据的分割、传输、多机环境下的程序执行和调度以及输出等其他复杂工作，让用户像使用单机一样使用计算机集群来解决复杂的IT问题,轻松高效地完成工作。

第三节　云计算下的协同审计模式

云计算环境下的审计模式与传统的手工审计模式有明显的区别。在云计算环境下，手工账本被电子账所代替；储存数据的介质由传统的账本变成了云服务器，审计数据的方式由手工翻阅账本变成了云计算平台检索和分析；审计的工具由算盘、计算器变成了计算机；数据传输的方式由手工变成了网络。这些变化对传统的手工审计提出了严峻的挑战。审计需要协同作战，在云计算迅猛发展的未来，不研究云计算环境下的审计模式，我们就会失去审计的资格。

一、云协同审计概念的提出

（一）理论基础

1. 系统论

系统论是反映事物客观规律和科学研究思想方法的理论，它认为世界是系统与系统的集合。因此，不仅要认识系统的特点和规律，反映系统的层次、结构及演化，更主要的是要调整系统结构、协调各要素的关系以优化系统。研究世界的任何部分，除了研究相应的系统与环境的关系，还须注意掌握对象的整体性、关联性、等级结构性、动态平衡性及时序性等特征。协同理论的创始人哈肯描述了各种系统和现象中从无序到有序转变的共同规律，以及不同事物的共同特征及其协同机理，即远离平衡态的开放系统在与外界有物质或能量交换的情况下，可以通过自己的内部协同作用，自发地出现时间、空间和功能上的有序结构。

任何组织都是一个相互联系、相互作用的各个要素组成的有机系统。作为组织中的一个单元或子系统，还与其他子系统相互影响、共同作用，以产生宏观上的结构和功能，达到 $1+1>2$ 的协同效果，即系统协同。其主要表现形式是：两个以上同方向的因素同时发挥作用对整个系统的影响要大于一个因素，而不同方向的几个因素同时起作用，最终表现为几种力量相互抵消或由占上风的因素主宰。它在企业中的作用表现如下：

首先，企业作为一个开放的系统，公司治理、内部控制、内部审计与其他子系统之间相互作用，并为了实现同一个企业目标而相互支持、帮助，由此产生了内部的协同效应。

其次，内部控制审计和财务报表审计相互影响。为节约审计成本和审计资源，两者的工作成果可以相互利用，因此整合审计有助于提高审计效率，充分发挥审计的协同效应，最终提高财务报告质量。

最后，财务报告质量是企业内外部系统共同作用的结果和反映，其中内部系统是内因和决定因素。在这个内部系统中，由治理层设计、管理层实施的内控系统的有效性决定了其质量高低。内部审计作为重要一环，负责对战略和战术层面的其他四要素——控制环境、风险评估、控制活动、信息与沟通的设计和实施效果的监督评价。同时，有效的内部审计也对外部治理系统中不可或缺的监督机制——财务报表审计起到重要的支持作用，而且对财务报表审计和内部控制审计结合的整合审计也起到了基础性的监督评价和佐证作用。因此，它不仅是整合审计而且是财务报告信息质量保障机制中的重要一环。

2. 协同理论

1971 年，德国物理学家哈肯提出了协同理论，研究的是开放系统在远离平衡态与外界存在物质或能量交换时，通过内部协同作用，在时间、空间和功能上出现有序结构的规律。协同理论是基于理论物理学而建立的一个自组织理论，着重研究各种系统从无序变为有序时的相似性，以发现自组织系统的一般原理。协同学创始人哈肯认为，协同是系统的各部分之间相互协作，使整个系统形成微观个体层次不具备的新结构和特征。社会由许多复杂开放的系统组成，属性不同的各系统间存在相互冲突而又相互合作的关系。协同理论认为，通过对社会系统中各子系统进行时间、空间和功能结构的重组，能产生新的时间、空间和功能结构，其效应远大于各子系统效应之和。协同机制因此是实现系统整体价值的有效方法。

（二）审计的协同效应

协同理论研究的是非平衡开放系统中的自组织及形成有序结构的理论，其研究对象必须具备复杂系统、开放系统，系统内部存在协同作用，协同的目的是实现价值增值。从协同理论的角度看，审计作为一个系统具备协同理论的基本研究要件。

一是《中华人民共和国审计法》（简称《审计法》）规定，审计署在国务院总理领导下主管全国审计工作。因此，审计署规划建设的国家审计信息化必须确保全国审计系统"一盘棋"，实现全国审计系统的信息共享和业务协同目标。

二是云审计平台运用互联网高效、可信及统一的虚拟计算环境，使计算机审计系统从封闭、静态、可控的运行模式逐步发展为开放、动态、具有柔性及适应性的计算机审计运行环境，在开放、动态和多变的网络环境下实现企业信息系统与计算机审计系统的共享和集成。

三是审计是对企业运营管理制度、管理活动及结果评价和报告的系统过程，其目的在于检查并揭露企业运营管理中的缺陷和重大风险，帮助企业改善运营管理。通过审查和评价企业管理协同机制的设计、执行、协同效应等，改善企业协同管理提出意见和建议，最终促进企业实现价值增值。

（三）云协同审计的概念

云协同审计是在审计公共云平台下，审计资源通过云来协同，跨机关、跨部门整合资源，实现硬件资源、软件资源、信息共享，审计机关、审计人员通过协同管理、协同工作机制，协同审计分析、协同审计评价，共同完成审计任务的一种工作模式。

二、云协同审计的优点

（1）前移审计关口，由传统的事后审计变为事前、事中、事后审计机制，打破审计信息"孤岛"，增强审计监督的约束力。

（2）避免无序审计、重复审计，提高效率，降低审计风险。

（3）建立"大审计"格局观，全国审计"一盘棋"，打破审计地方保护主义屏障。

三、协同审计模式的提出

协同审计是指在网络互联的环境下，通过协同管理软件，相互通信，共享各种信息资源，使在不同地点的多位审计人员可以一起工作，共同完成审计任务的一种工作模式。协同审计是在协同理论的基础上提出来的。因为审计的特点是多人合作完成一个项目，具有协同效应，所以审计工作可以协同，以此提高审计的经济性、效率性和效果性。

目前，对于协同审计的研究尚不多见，也不成系统。现有的文献主要集中在以下两个方面：

（1）计算机协同审计系统的研究。他们基于 IT 环境，设计计算机协同审计系统。计算机协同审计系统是召集分布在不同地点的审计人员通过网络同时完成同一个审计任务的网络化协同系统。计算机协同审计系统的体系结构是研究和实现计算机协同审计系统的基础。计算机协同审计系统的工作行为不同于普通的网络浏览方式，客户端成员之间需要进行大量的实时交互性操作。计算机协同审计系统是建立在现有网络之上的，以 JXTA 为构建的平台和协议，以节点离散和实现多位审计人员的并行工作为主要特点，体现每位审计人员既能自由独立地工作，又能组队协同工作的特点。计算机协同审计系统设计为一种面向数据流的审计任务。首先，审计人员各自根据所分配任务的要求采集被审计对象的相关数据；其次，对这些数据进行分析和汇总，将其转换为审计软件所需要的数据形式，并进行数据预处理；最后，审计人员运用相关审计软件和协同技术将各自的电子数据在审计小组中共享，相互讨论，对数据做进一步的分析研究，从而发现审计线索，得出审计结论。

（2）项目审计协同的研究。一般说来，投资项目生命周期长、涉及面广，与社会经济和生态环境实时地进行信息和资源交换，是一项复杂的系统工程，具有很强的特殊性，这些为投资项目审计提出了严峻要求。作为一种崭新的审计模式，基于其与协同治理理论的理论契合，协同治理审计针对投资项目的特殊性进行研究，具有一定的理论创新性。同时，以项目利益为核心，以项目整体目标为导向综合考虑各利益相关方的利益均衡，并促进其协同高效完成任务，实时同步监控项目运行并适时公布审计信息，将基于审计数据的评价指标作为定量的评价指标，在很大程度上解决了审计实务中的操作问题，具有一定的时效性。

一是协同治理审计旨在实现投资项目的整体目标。审计代表社会公众对政府投资项目实施审计监督，使协同治理审计目标与项目整体目标具有一致性，这为审计顺利开展并建立机制提供了前提保证。

二是协同治理审计关注的是各利益相关方的利益均衡。投资项目涉及众多利益相关方，审计可以公正地站在客观角度履行监督职能。且审计作为高层次的监督方先天地具备从宏观层面把握整体的优势，并可以超脱地提出协调各方的意见和建议。

三是协同治理审计关注的是各利益相关方协同高效完成相关任务。审计监督的是各参与单位履行职责和承担义务的情况，通过建立审计结构、审计机制，采取实时有效的审计措施，可以有效地促进项目核心组织层和政府监控层各职能部门的协同工作，从而产生协同效应，高效地完成项目目标。

四是协同治理审计评价模型中的评价指标具有可操作性。协同治理审计评价指标具有来自审计角度宏观层面的信息优势和操作层面的数据来源。

五是协同治理审计具有时效性。协同治理审计旨在建立一种实时的协同监督机制，在这一机制下可以及时发现并解决投资项目运作实施过程中的各种问题和冲突。投资项目协同治理审计模式强调协同治理审计目标的实现，通过实施审计行为，进一步实现审计功能，建立协同治理审计机制，促使利益相关方进行充分的信息交流和沟通，在合理的协同治理结构框架范围内能够充分利用各自的资源和信息优势，以项目利益为核心协同工作，完成各自任务，最大限度地发挥协同效应。最终目标是在各利益相关方相对满意的基础上，实现投资项目的整体目标。

四、构建"省、市、县"三级云协同审计模式

传统的审计模式是"一对一"的现场审计模式和尚未成熟的联网计算机审计模式。"一对一"现场审计模式的特点是一个审计机关对应一个被审计单位展开审计工作，作用在于事后检查和事后纠正，始终达不到事前预防和过程监督的效果。并且"一对一"的审计模式造成了审计信息"孤岛"现象，还加大了各级审计机关的审计成本。联网计算机审计模式只是在审计手段上发生了变化，在本质上并没有对传统审计模式进行创新性革命，其中还存在许多冗余的非增值环节，不能适应云计算技术推动审计发展的需求。那么，如何在云计算环境下充分利用云审计平台和云存储技术，消除非增值环节，共享审计信息与资源，达到高效率、低成本的审计效果，云审计平台下的省、市、县"三层级"协同审计模式是一个可以尝试的制度安排。

这里，为什么不直接构建"审计署、省、市、县"四级协同审计模式？作者认为，现在还不合时宜，因为我国现行的地方审计体制无疑适应了我国政治、经济、体制的运行要求，反映了我国政治、经济的发展状况，有利于在政府的领导和支持下保持国家审计的权威性，促进国家审计迅速成长壮大，并且成为社会主义经济监督的重要形式。具体表现在以下三方面：

（1）现行审计体制有利于审计工作围绕地方政府工作中心，服务和服从于改革开放和经济建设——这是审计发展的主旋律。审计机关设在政府，审计工作与地方政府各项经济工作结合紧密，成为政府经济工作的重要部分。这样，审计职能与政府机构其他职能相结合，使审计工作能够服务于经济工作中心，服务于改革开放大局，切实加强对重点领域、重点部门和重点资金的监督，把审计执法与地方经济运行监督有机结合起来，促进政府工作目标和宏观、中观调控措施的贯彻落实。

（2）现行审计体制有利于在政府指导下及时有效地实施审计监督。我

国现有法律法规的 80%由政府的行政执法部门执行，审计机关是行政执法的重要部门，在地方政府的领导和其他部门经济监督及部门和单位的协调配合下，审计机关能够直接、有效地实施审计监督，及时发现、处理和纠正各种违法违纪行为；审计意见和建议也能够及时转化为政府的行政命令，增强了审计的权威性、时效性和约束力——这是审计机关隶属于立法或司法部门所难以达到的效果。

（3）现行的审计体制有利于促进地方审计机关履行职责。按照现行双重领导审计体制，审计业务以上级审计机关领导为主，有利于保证审计工作的统一性，促进审计系统加强业务协作和统筹管理，也有利于保障社会主义法制的统一性，使审计按照国家统一的法制要求实施；审计机关行政管理以地方政府为主，有利于增强地方审计机关的自主性和灵活性，使之能够主动根据地方经济建设和政府经济调控的需要，适时确定审计工作的重点，及时调整工作态势，从而在地方经济建设中发挥更大的作用。

因此，构建由审计署统一部署、统一指挥，而不是由审计署直接参与的以省级为单位建设的"三级"协同审计模式是一种渐进的改革安排。

以业务协同为基础，以提升审计效能为目标，是国家审计信息化的重要策略。中央和地方审计机关信息化协同发展是国家审计职能特征的需要。云计算下的审计协同的要义在于，依托云审计平台的资源协同，建立以服务国家治理目标为导向，在审计署的统一指挥下，省、市、县各级审计机关积极参与，以协作为特征，协调多元的审计监督协同结构，形成一个综合利用国家和市场手段的国家审计监督"行动网络"，包括组织层面、管理层面、资源层面、业务层面的组织协同、管理协同、资源协同、业务协同。

第一，组织协同。政府审计组织协同是政府审计监督服务资源有效利用的组织保证，强调政府审计监督整体的协调和协作。政府审计机关是执行审计业务的主体，是政府审计协同治理的主导力量。不同层级政府审计机关、审计机关内部，要注重组织功能的整体性，把人力资源、审计机关职能处室（科室）以及政府审计机关之间相互关联起来，突出整体性特征，形成一个网络型的协同组织。

政府审计组织协同管理通过政府审计机关层级确定、任务分配、部门划分、资源规划、工作计划等安排来实现审计机关之间、机关部门之间职能、审计机关内部各类工作任务职责的协调配合。政府审计组织协同包括战略协同、组织协同、人员协同等。对于政府审计系统而言，在组织结构上要强调组织系统构成要素之间在规模、层次、方式等方面的相互配合。

在战略层面，为了保证组织战略层面的协同，审计机关的审计组织决策层要确保全省一体化审计有正确的战略、有执行战略的有效方法、具备执行战略的核心能力和有效机制。因此，省、市、县三级审计机关在审计战略谋划上要实行组织协同，由审计机关统一领导，协调制定正确的战略审计目标、年度审计计划、审计监督机制、审计决策机制，具备正确的执行方法、核心能力、管控机制以确保战略的正确执行。同时，组织协同决策层还应当掌握有效的方法和能力，能够根据外部环境的变化对战略体系进行及时的调整，并在决策层、管理层内部达成共识，以保障审计战略与组织系统、协同行为的有效互动。

在组织层面，需要确保与战略匹配的任务分配、工作计划、资源调度、监督反馈有效执行，掌握组织高效运营的方法、能力，建立有效的考核激励与监察机制。为此，各级审计机关必须在充分理解省、市、县一体化的审计战略体系要求的前提下，建立起有效支撑审计战略的组织架构体系，在组织结构上要强调组织系统构成要素之间在规模、层次、方式等方面的相互配合。应当按照服务国家治理需求的政府战略导向，适应环境变化，调整政府审计组织跨度、层级，优化职能配置，通过政府审计组织结构协同，有效地设计监督体系，契合国家治理战略和与其他监督体系进而形成合力。

在人员层面，为了确保全体审计人员能够按照战略、组织的要求采取有效协同的行动，各级审计机关应当抽调审计人员成立项目工作组、组建审计专家组，有效地进行职能分工进行协同工作，明确工作责任、目标要求、能力要求、行为要求，建立一个科学、合理的协同工作环境，使一个群组成员能有效合作，消除或减少群组成员在时间和空间上相互分隔的障碍，节省了群组成员的时间和精力，提高群体工作质量和效率。人员协同工作实现的关键是合作与协调，参与群组工作的各成员既要完成属于自己的子任务，又不能产生协同冲突。并且在某些情况下一方面要对参与合作的各群组成员的共享资源进行管理；另一方面又要对群组中各成员子任务的完成情况进行监督，以保证合作过程顺利进行。

第二，管理协同。审计机关管理协同是审计机关通过组织协调各种管理程序、措施，实现管理最佳效率状态和资源最优配置状态的程度。它具体包括政务管理协同、资源管理协同、项目管理协同、信息管理协同。

一是政务管理协同。政务管理协同是指在信息化的背景下，省、市、县三级审计机关之间利用信息技术手段进行跨部门业务协作，最终通过改变行政管理方式方法达到审计资源最充分利用的新型政府审计工作模式。开展政务协同是打破目前电子政务建设中各自为政、信息孤岛现象，避免电子政务投资黑洞的必然要求。目前，我国各级审计机关建立审计管理信息系统（OA），但审计管理系统并没有实现审计资源高度共享，审计数据资源也分散在各个部门。这不仅造成了大量重复建设，提高了审计成本，而且割裂了审计系统之间的联系，造成审计信息不能共享，进而引发一系列问题。通过政务管理协同，依托云审计平台的协同效应，使省、市、县三级审计机关之间实现一体化的审计管理，共享机关文化建设、制度规范建设、业务政策和审计动态，加强信息交流，降低政府审计系统内部交易费用，使内部审计资源在审计治理过程中实现绩效最大化，从而推动政府审计系统整体绩效的提升。

二是资源管理协同。政府审计资源包括来自审计系统内部和审计系统外部的硬件资源、软件资源、人力资源、数据资源等。从根本上说，政府审计的产生动因是国家治理资源的稀缺性。政府审计机关在履行职责时，同样面临着资源约束。在一个有效运转的国家治理系统中，只有当政府审计所能够提供的国家治理服务价值大于其行使政府审计职能所花费的资源成本时，政府审计才有独立存在的价值和必要。

资源管理协同，是指政府审计机关以协同理论为指导，依托云审计公共平台，综合运用各种管理方法、手段促使省、市、县三级审计机关内部、审计机关之间的资源按照协同方式配置、整合、使用，实现审计资源利用一致性、互补性的一种有序状态。

三是项目管理协同。政府审计机关承担国家治理监督的众多项目任务。项目管理协同，是指在存在多项目任务的环境下，通过系统调配内外部资源、信息共享，权衡和协调项目开展，以达到审计项目管理的有序状态。项目协同审计模式强调协同治理审计目标的实现，通过实施审计行为，进一步实现审计功能，建立协同治理审计机制，促使利益相关方进行充分的信息交流和沟通，在合理的协同治理结构框架范围内能够充分利用各自的资源和信息优势，以项目利益为核心协同工作，完成各自任务，最大限度地发挥协同效应，其最终的目标是在各利益相关方相对满意的基础上，实现项目整体目标。项目协同审计模式基于协同理论和治理理论，从协同治理的层面重构和优化审计结构、完善建立审计机制，在项目计划、项目流程、项目实施过程中实现协同，共享审计技术，协同高效地完成项目审计相关任务。

四是信息管理协同。信息管理协同是指在政府审计治理中，通过信息传递、交流等形成的一种审计信息有效共享的有序状态。国家审计应当具有开放性特征，能够与外界进行持续的物质、技术和信息交流，确保系统具有生存和发展的活力。充分、有效的信息沟通能够及时传递决策信息，使各主体能够清晰地理解、认同和接受协同管理主题，这是国家大计协同顺利实施的保障。国家审计协同强调制度化、经常化和有效地跨界合作以增进审计价值。借助信息化、网络化手段提升国家审计效率成为国家审计的重要发展趋势之一。目前，我国审计服务信息化建设水平还比较低，存在信息交流不通畅等问题。应通过建立多样化和通畅的信息沟通渠道和交流制度，及时、有效、准确地沟通信息。要通过建立信息共享平台，促进国家审计信息共享，不仅实现审计信息在审计系统内部的沟通与共享，而且不同监督服务主体的监督信息如财政监督、税务监督等部门信息也应当实现共享，以统筹各种公共资金监督、公共权力监督制约机制和资源信息，充分发挥监督制约功能。

第三，资源协同。云计算资源规模庞大，服务器、存储和网络等数量众多，并可能分布在不同的地点，同时运行着各种应用。如何有效管理这些硬件设备，保证整个系统提供不间断的服务是一个巨大的挑战。云计算管理平台是整个云计算部署中的大脑，负责整个资源池的管理和调度，云计算系统的平台管理技术能使大量的服务器资源、存储和网络资源协同工作，方便地进行业务部署和开通，快速发现和排除系统故障，通过自动化、智能化的手段实现大规模系统的可靠运营。

云计算资源池有资源共享、按需分配、动态扩展、标准服务、自动管理等特点。在基础设施层面，资源池的种类主要包括主机资源池、存储资源池、网络资源池、备份资源池等。通过建设资源池，可以实现 IT 支撑系统的资源共享与按需分配，降低运营成本，提高管理效率。

同一资源池内根据上层应用系统对不同安全等级的需求，将其基础设施资源划分为不同的子集合，并在安全、网络等方面进行必要的物理或逻辑隔离，形成资源分区。不同资源分区间的资源可灵活调整。同一资源分区内的安全等级一致，不同资源分区间的网络需经过防火墙互通。资源池管理平台是资源池系统管理的核心，负责对各种云计算 IT 资源进行部署、操作、回收、监控、统计分析，对资源池系统内部的各类物理设备进行运营和维护管理。资源池管理平台同时负责与资源池外部实体的交互以及资源池系统内部各资源系统之间的控制与交互。资源池还负责用户的资源监控与虚拟机访问实现，需要为资源池管理员提供操作界面。资源池管理平台功能架构，包含三大功能：资源管理、资源监控和资源统计分析。

第四，业务协同。云计算环境下的审计业务协同是指借助云审计平台以及云计算技术建立一个协同工作的环境，将分布在不同地点的审计人员召集起来，共同完成一项审计任务，可以消除或减少项目组成员在时间和空间上相互分隔的障碍，节省审计成员的时间和精力，提高群体工作质量和效率。根据协同审计工作的特点，云审计平台要采用同步协同模式，各个审计机关终端用户的操作要更加注重响应时间的设定，从而保证群体操作的有序性。协同审计模式审计程序：数据采集→协同数据预处理→数据协同分析→协同经验交流→协同审计评价→得出审计结论。

上述审计模式工作流程：云审计平台系统管理部门根据统筹任务统一进行数据采集，各级审计机关协同审计人员各自登录云审计平台，经协同机制建立协同审计项目组，根据数据预处理的数据筛选、数据汇总、数据分析后获得分派的协同任务和审计数据。然后，每个审计项目组成员利用各自的审计信息资源、数据分析技术和审计技术对相关数据进行分析。同时，通过即时通信和数据共享等协同方式与相关成员进行经验交流并可咨询专家经验和参考协同案例库，从而得出各自的审计评价并汇总到共享数据库中。最后，专家组集体讨论，协同交流，得出最终的审计结论。

五、构建云计算下审计协同模式的路径

（一）协同审计技术

云协同审计是一种审计模式的创新，可以使审计机关以按需、易扩展的方式获得所需要的硬件、软件、平台资源和人力资源。

它涉及的技术较多，主要包括虚拟化、分布式计算、弹性扩展、分布式存储、云计算平台管理等技术。

1. 虚拟化技术

通过虚拟化技术可实现软件与硬件的隔离，一方面，可以解决数据中心资源的整合问题，在整合过程中对计算、存储等各种资源进行标准化；

另一方面，通过虚拟化将资源切割为更小的可以更好调度的资源单位，以达到调度过程中充分利用硬件资源的目的。虚拟化技术根据对象可分成计算虚拟化、存储虚拟化、网络虚拟化等。计算虚拟化又分为系统级虚拟化、应用级虚拟化和桌面虚拟化。

2. 分布式计算技术

分布式计算技术是指由多台同构或异构的计算机连接起来协同完成特定任务的计算机群。在这样的工作环境下构成了计算的分布性，任务采用分布式的架构被划分为多个模块分布在各个计算机上运行，各个计算机之间相互关联、协同工作。

3. 分布式存储技术

分布式存储也称为云存储，是将网络中大量的各种不同类型的存储设备通过应用软件集合起来，协同工作，共同对外提供数据存储和业务访问功能的系统。分布式存储的核心是应用软件与存储设备相结合，通过应用软件实现存储设备向存储服务的转变。分布式存储的目标是利用云环境中多台服务器的存储资源满足单台服务器无法满足的存储需求。其特征是存储资源能被抽象表示和统一管理，并能保证数据读写与操作的安全性和可靠性。

4. 弹性扩展（按需分配）技术

云计算使用户可以随时随地根据应用的需求动态增减 IT 资源。云计算提供了一个巨大的资源池，而应用的使用又有不同的负载周期，根据负载对应用的资源进行动态伸缩（高负载时动态扩展资源，低负载时释放多余的资源），可以显著提高资源的利用率。弹性扩展（按需分配）技术为不同的应用架构设定不同的集群类型，每种集群类型都有特定的扩展方式，然后通过监控负载的动态变化，自动为应用集群增加或减少资源。

5. 云计算平台管理技术

云计算资源规模庞大，服务器、存储和网络等数量众多，并可能分布在不同的地点，同时运行着各种应用程序，如何有效地管理这些硬件设备，保证整个系统提供不间断的服务是一个巨大的挑战。云计算管理平台是整个云计算部署中的大脑，负责整个资源池的管理和调度，云计算系统的平台管理技术能使大量的服务器资源、存储和网络资源协同工作，方便地进行业务部署和开通，快速发现和排除系统故障，通过自动化、智能化的手段实现大规模系统的可靠运营。

（二）协同审计模式的实现路径

1. 完善国家审计协同法规制度建设

国家治理中的法律制度规范提供了治理子系统活动的界限范围，规定了治理主体以及群体的活动空间、自由度，是国家大计协同的基础内容。国家治理系统包括决策系统、执行系统和监督控制系统，良好的国家治理必然要求以法规制度规定它们之间的相互联系，因此，构建国家审计协同的基础内容是完善国家审计协同法规制度。从当前看，首先要建立横向协调的国家审计与其他监督子系统衔接制度。要以《审计法》为指导，梳理修订现有法规中不利于协同的制度内容，在经济责任审计联席会议制度等经验的基础上，完善与监察、司法以及其他经济监督部门的协调工作制度，明确国家审计监督中各个参与主体的权利义务、协同行动机制等。同时，还要在国家审计准则中补充完善利用外部专家工作、项目外包、审计公告等有关制度内容，规范外部社会力量参与国家大计的行为责任。

2. 搭建国家审计监督的云审计公共服务平台

国家审计协同整合机制，要求在明确国家审计监督活动中审计机关为主导的基础上，建立多元主体共同参与的工作协调制度和机制，充分发挥审计监督服务系统中各主体的功能优势。要利用信息技术、云计算等现代技术，建立云审计公共服务平台，进行充分的信息与资源协同整合，构建国家审计机关、财政监督、监察等受托责任检查部门、社会公众之间的有效协同机制。建立国家审计协同工作制度、信息传递交流制度、预警制度、决策制度、自我评价监控制度、考核制度，并通过国家审计协同系统自我评价控制闭环的建立，促进国家审计协同的自我完善与发展。

3. 充分发挥上级审计机关的领导协调作用

国家审计战略层面协同要求国家审计要增强宏观意识，自觉地推动和服务国家治理改善，管理层面协同强调了政府、市场和社会中介组织、公民个人等主体的相互合作。多主体治理要求培育和构建包括社会组织在内的多元权力中心，持续优化审计结构。按照协同论观点，在推进国家审计有序发展过程中，区分影响协同的关键因素和次要因素。关键因素不仅引导整个国家审计发展进程，而且决定着国家审计协同效果，找出起决定作用的序参量，才能有效把握国家审计的发展方向和趋势。审计机关权力与权威的公共性决定了审计机关在国家审计监督服务中的必要性和主导地位。

上级审计机关要发挥主导作用，首先，要不断发现协同机会。依据审计目标、审计任务、国家治理需要，在包括审计项目授权、审计项目审批、审计项目计划、执行审计（取证）、结果报告、审计处理、行政处理、司法处理、结果考核等一系列审计过程中可能的协同机会收集信息，做出评判，识别需要多个主体共同协作能够显著改善审计监督效率效果的机会。

其次，国家审计协同要求国家审计机关的定位不仅是提供监督服务，而且是包括朝向国家治理目标实现的公共权力配置、公共资源运用等的检查建议过程。要发挥市场、社会、公民个人等多元主体的力量协作提供审计服务，实现国家审计多中心"协同共治"。要以上级审计机关为主导，引导各级审计主体参与安排审计监督，努力创造一个利益共享、责任共担的协同管理机制。

第五章

审计信息化建设

第一节　审计信息化的基础

现在的商业环境越来越复杂，变化越来越快，产生的业务模式外延带来的会计处理也越来越复杂，但电子大数据为信息化审计提供了便利条件。审计人员应对审计信息化的基本概念和审计信息化发展的应用情况有一个基本认识，才能构建审计信息化的基本工作任务流程，从而将信息化手段应用到实际审计工作中去。

一、审计信息化概念认知

随着经济的发展和社会的进步，审计的职能早已超越了查账的范畴。关于审计信息化的概念众说纷纭，人们需要结合时代发展的情况概括出审计信息化的基本概念，并在概括的过程中思考审计信息化的必要性，为审计信息化的发展奠定理论基础。

（一）审计信息化的含义

随着计算机的普及、网络的发展、信息系统的广泛使用，审计环境越来越复杂。而电子政务风的刮起，使电子商务越来越普遍，越来越多的交易通过网络直接完成，这就使传统的审计方法已经不能满足审计工作的需要。审计作为经济权责结构中的主要组成部分之一，要紧跟时代潮流，与其他行业的信息化统一匹配，从而更利于审计工作的开展。在 2004 年度中国信息主管和 IT 财富年会上，审计署审计长李金华先生荣获了 2004 年"推进中国信息化进程突出贡献奖"，同时随着国家信息化领导小组在《关于我国电子政务建设指导意见》中确定的"十二金"工程的启动实施，更是把信息化建设推向了一个新的高潮，它从侧面反映了现代审计信息化建设工程备受瞩目。一直以来，许多人都对现代审计信息化建设的认识存在误区，我们周围有很多人把对审计信息化的认识停留在计算机的应用阶段，认为在审计工作中贯彻使用了计算机，就是实现了审计的信息化建设。其实计算机的应用只是基础，把信息化的思想贯穿到每一个审计人员乃至每一个财会人员的脑中，使其抛开旧有的审计方法、模式，运用计算机技术，通过互联网对企业的财务成果和经营活动进行在线实时的远程审计和实时监控，从质上改变审计人员的工作方式，把审计人员从繁杂重复的数据记录、整理、分析中解救出来，极大地提高审计工作效率，并从根本上提高审计质量，这才是现代审计信息化建设的思想。

审计作为一种监督机制，其实践活动历史悠久，但人们对审计的定义却众说纷纭。公认具有代表性且被人们广泛引用的是美国会计学会 1972 年在其颁布的《基本审计概念公告》中给出的审计定义，即"审计是指为了查明有关经济活动和经济现象的认定与所制定标准之间的一致程度，而客观地收集和评估证据，并将结果传递给有利害关系的使用者的系统过程。"而理解审计信息化则需要在传统审计的基础上进行。

审计信息化是指在被审计对象运行各自业务的过程中，审计部门及其审计人员为了实现其监督、评价、保证的审计目标，全面收集必要的审计证据，通过合理必要的审计程序，充分利用企业信息系统以及网络生成的财务、业务运营信息，对企业运营的合规性、有效性、效率性进行审计的工作。为有效履行企业审计部门的监督职责，充分发挥预警、避险等审计职能，完全适应社会经济发展步伐和企业信息化管理水平，必须加快培养能够胜任信息化审计工作的审计队伍，全面提升审计部门的工作能力，以便更好地服务于企业的转型升级和有效运营，从而促进企业发展目标的实现。

对于现代企业而言，随着计算机信息化管理技术的推广普及，企业日常管理工作的信息量已经进入海量级别。而审计工作的第一步就是对各种信息进行识别，但对海量级别的信息和数据，传统的审计技术已无法胜任，在审计对象的紧逼下，审计工作信息化已成大势所趋，否则，审计人员将无法开展工作，审计工作的设定目标也无法实现，审计工作的监督作用更无法发挥。因此，如何充分有效地利用现代信息技术提升审计工作的技术水平，促进审计职能的全面履行，已成为企业内部审计工作发展的迫切需要。

（二）审计信息化的必要性

在我国，"审计"一词最早见于宋代的《宋史》。从词义上解释，"审"为审查，"计"为会计账目，审计就是审查会计账目。"审计"一词的英文单词为"Audit"，被注释为"查账"，兼有"旁听"的含义。由此可见，早期的审计就是审查会计账目，与会计账目密切相关。审计发展至今，早已超越了查账的范畴，涉及对各项工作的经济性、效率性和效果性的核查。传统手工审计的取证模式也逐渐从账目基础审计发展到制度基础审计再发展到风险基础审计，审计取证的切入点从反映经济业务的纸质账目演变为内部控制制度再演变为内部控制制度与风险因素，审计对象从一个纸质账目系统变为内部控制制度系统与纸质账目系统两个系统，审计的核心方法也从详查法发展为测试法；而测试法的大量运用，使审计方法发生了实质性的变化，使其最终脱离了簿记方法，产生了真正意义上的审计方法，并使"簿记审计"转变为"测试审计"，使审计逐步脱离"审计就是查账"的概念。

随着计算机和互联网的普及和应用，信息化成为当今世界经济和社会发展的大趋势，信息技术正在以前所未有的速度渗透到社会的各个领域。在这种环境下，国家机关、企事业单位的经营管理很多实现了自动化和网络化，很多经济业务也由于电子商务的发展改变了交易方式，使得审计的对象、范围、线索等发生了变化，这给审计工作带来了新的挑战。审计要适应这种变化，就要利用现代信息技术手段，实现审计的信息化。现代的审计信息化是以审计信息资源开发利用为核心，将计算机技术、网络通信技术、数据管理技术等应用于审计工作中。审计信息化建设包括信息基础设施建设、信息人才培养及完善法律法规等方面。

1. 客观环境的变化促使审计实现信息化

随着信息技术的不断升级，各行各业的信息化建设也迅猛发展，使得审计的客观环境发生了很大变化，审计的对象和范围扩大并且更加复杂，审计的难度也在增大。

就审计对象的变化举例来说，在网络信息经济时代，审计对象扩展到电子商务。电子商务以其低成本、高效率等特征吸引着大多数企业，企业纷纷建立自己的网站，进行网上交易、支付结算，并使企业信息网络化。另外，以电子商务为基础形成的各种虚拟企业，构成了网络经济中经营主体的一部分。因此，网上交易审计、网上支付审计、虚拟企业的审计便构成电子商务审计的具体内容。

此外，审计范围在信息环境之下也扩大了。如在信息化环境之下，审计的范围不能仅局限在传统手工审计的内容上，审计师还要花费更多的精力研究和测试系统在程序设计、数据录入和数据输出等方面的控制功能，验证其能否充分有效地防止或发现和更正各种差错，消除弊端。

2. 审计信息化是提高审计效率、降低审计风险的要求

利用计算机辅助审计，一方面，可以借助计算机对数据进行高速、精确的运算处理，提高审计的正确性和准确性；另一方面，可以使用审计软件对被审计单位的电子化会计信息进行审计，减轻审计人员的工作强度，提高审计效率。计算机辅助审计可以凭借计算机具有的逻辑判断功能、分析汇总等功能使审计程序的选择和实施更加科学和恰当，丰富审计手段、提高审计效率、降低审计风险。另外，利用计算机辅助审计，通过互联网可以实现数据、资源的共享，可以使现场审计与非现场审计相结合，使审计跨越空间的距离，有利于审计人员进行全面、迅速、经济有效的分析。

3. 审计信息化是实现与国际接轨的需要

国外一些发达国家的审计信息化早于我国，如美国注册会计师协会和加拿大特许会计师协会在 1997 年就开始提供电子交易网站的审计；意大利在 1975 年就着手建立了联网系统，已成功地实施了联网实时审计，极大地提高了审计效率。

这种差距引起了我国政府和审计界的高度重视，随着信息技术的高速发展以及经济环境的变化，我国的审计信息化建设也要经历高速发展时期，才能适应审计的发展需要，实现审计技术的创新。

二、审计信息化发展认知

审计信息化是审计技术创新的最重要方面，我国开发了适用于我国审计环境下的审计应用软件，比如审计署开发的 AO 系统。在国家审计发展的引领下，大型软件公司开始开发审计应用软件，使得审计信息化得到了快速发展。

（一）审计信息化的发展历程

面对形势发展变化带来的挑战和机遇，审计署于 1998 年提出审计信息化建设的意见。当时的审计署审计长李金华向全国各级审计机关郑重提出："审计人员不掌握计算机技术，将失去审计的资格。"之后，又陆续提出，审计机关的领导干部不掌握信息技术，将失去指挥的资格。随后，审计署作出了建设审计信息化工程（金审工程）的战略决策，开始了我国的审计信息化建设。2005 年 11 月，金审工程一期项目通过国家验收。《审计署2006—2010 年审计工作发展规划》指出，结合"十一五"规划，审计署在接下来的几年中积极推进金审工程二期和三期建设，完成全国审计信息网络中心、数据中心、中央和省级审计机关网络互联系统、信息安全保障系统的建设。金审工程建设为审计方式的转变创造了良好的软硬件条件。广大审计人员在审计署的领导和组织下，开拓创新，积极探索在信息化环境下崭新的审计方式。从开始使用 Excel 表格、Access 小型数据库软件到 SQL Server 等大型数据库软件的推广，再到查询分析技术、多维分析技术的应用，以及系统论思想在审计实践中的树立，中国审计人员在审计方式创新的道路上不断探索前进，审计领域的信息化水平有了很大提高。目前，金融、财政、海关、税务等部门，民航、铁道、电力、石化等关系国计民生的重要行业开始广泛运用信息技术进行管理，政府机关、企事业单位逐步实现了利用计算机技术手段进行会计信息处理来代替过去的手工记账。现代信息技术在被审计单位经营管理和会计核算中的应用，极大地提高了被审计单位的工作效率和管理水平，同时也改变了审计人员所熟悉的工作环境。在这种新形势下，过去那种以审查纸质账簿凭证为基本手段的传统审计方式显然已不能适应形势发展的需要，审计面临着重大挑战，必须加强审计信息化建设，创新审计方式，政府审计机关才能胜任和履行自己的职责。

目前国家不仅仅关注政府审计信息化，还重视社会审计的信息化。比如，《财政部国家税务总局关于鼓励软件产业和集成电路产业发展有关税收政策问题的通知》为审计软件提供了税收优惠；《中华人民共和国国家审计准则》第 76 条对信息系统的有效性、安全性进行了规定。2012 年 7 月，当时的审计署审计长刘家义在全国审计工作座谈会上做了题为《加快审计信息化建设步伐，全面提升审计能力和技术水平》的讲话，认为不发展信息化审计事业，就没有出路。

在国家审计发展的引领下，社会审计获得了指明灯。大型软件公司开始开发审计应用软件，比如审易、审计大师、金剑、中普，等等。还有一些企业利用已有的软件（比如 Excel）自行创建审计模板，审计信息化在我国得到了广泛而又迅速的发展。

审计信息化的发展离不开管理理论和信息技术的发展。信息系统管理理论为审计信息化提供了理论支持，使审计工作更好地与管理系统本身相结合。信息技术发展是多方位的，比如数据库技术、语言技术、网络技术、单机硬件、操作系统，等等。尤其是语言技术，沪深两市已经将 XBRL 语言用于上市公司财务报告的披露，同 HTML 语言一起用，并大有取代 HTML 语言的趋势。XBRL 语言具有使会计信息一次输入、多次重复利用以及多角度分析等效果，减少了审计工作中数据转换和取证等环节的工作量，为审计工作提供了便利。

（二）审计信息化的软件应用

审计软件可分为四种类型：现场作业软件（即审计作业软件）、法规软件、专用审计软件和审计管理软件。审计软件是审计工作的主流，是审计工作的主要工具，审计软件的发展水平代表着审计信息化的发展水平。

1. 现场作业软件

现场作业软件是指审计人员在审计一线进行审计作业时应用的软件，如审易软件，它主要具有以下功能：

第一，能处理会计电子数据。

第二，能运用审计工具对会计电子数据进行审计分析，包括查账、查询、图表分析等。

第三，能在工作底稿制作平台（以下简称平台）制作生成审计工作底稿，平台内有各种取数公式，如单格取数、列取数、行取数、报表取数等，并且有像 Excel 那样的工具为审计人员提供平台操作服务，且可以保存、修改、删除工作底稿。

2. 法规软件

法规软件主要是为审计人员提供一种咨询服务，在浩瀚如海的各种财经法规中找出审计人员需要的法规条目及内容。它应具有如下功能：

第一，常规查询，包括审计法规条目的查询、发文单位的时间段查询。

第二，要有一定的数据量，成熟的软件应有上千万字的法规内容，检索速度要快。

第三，应具有按内容查询的功能，这也是法规软件能否适用的主要标准，如果没有按内容检索的功能，这个法规的适用面将受到很大限制。

3. 专用审计软件

专用审计软件是指为完成特殊的审计目的而专门设计的审计软件，像基建审计软件，基建审计软件有很强的特殊性，主要是因为它的工作性质有两点：

第一，涉及大量的基建图纸。

第二，要有基建定额库来做参照，实际上，基建审计软件用市面上的定额核定软件就能实现，所以我们把这类软件归为专用审计软件。

4. 审计管理软件

审计统计软件、审计计划软件、审计管理软件等统称审计管理软件。审计统计软件是指将审计工作成果统计上报、汇总的软件。审计计划软件、审计管理软件都是可以在这方面专门工作的小软件，实际上，审计管理软件可以看作是审计作业软件的延伸，审计作业软件完全可以把这些管理功能承担起来，容纳到审计作业软件中，所以，审计软件的代表软件应该是审计作业软件。金审工程一期成果——现场审计管理系统（OA）软件就属于审计管理软件。

第二节　大数据时代审计信息化建设

当前我国深化改革发展的现状，对企业市场环境带来了严重影响，使得企业内外环境逐渐改变，在影响企业经营发展的同时，也对企业内部管理提出新的要求。随着大数据时代的来临，企业审计工作方式需要做出改变。在科技发展下，信息量增长速度加快，传统审计工作方式将不能科学处理日益增长的数据信息，在这种环境下，审计工作方式逐渐展现出信息化、智能化的特点，在信息化技术作用下，使审计工作水平和效率不断提高，而智能化技术的应用可以进一步确保审计工作质量。但是当前我国经济发展和计算机水平比较落后，审计信息化建设不全面，处于摸索阶段，工作经验不成熟。在这种情况下，加强大数据时代背景下审计信息化建设路径的探究具有重要意义。

一、大数据时代审计信息化基本特点

（一）发展速度快

20 世纪 80 年代，审计制度初步形成并全面实施，审计方式以手工审计为主。经过多年的发展，审计软件在各个行业中使用，截至目前，我国审计项目已经正式进入到信息化审计时代。通过建立大数据审计系统、云审计系统等，在大数据技术的作用下，保证审计工作落实到位，快速完成审计工作目标。通过多年的审计改革发展，由最初的手工审计向信息化审方向转变，审计信息化利用 Excel 软件，朝着大数据、云计算方向发展，让人工智能审计规模不断扩大，发展速度加快。

（二）发展不够全面

在当前审计市场发展中，大部分审计业务还没有实现信息化的全面覆盖，同时在审计实施过程中，审计流程也缺少信息化和智能化。实际上，一些单位在开展审计信息化工作时，依然是利用信息化技术进行人工审计，以取代低层水平。如果信息化发展不全面，无法满足审计信息化建设要求，增加审计人员工作强度和难度。

二、大数据时代审计信息化建设面临的影响因素

（一）数据数量因素

随着大数据时代的来临，各个行业都朝着信息化发展方向迈进，不管是基础工作，还是比较复杂的操作，都会在信息化技术的作用下完成，在某种程度上促进工作水平和效率的提升，在处理一些比较复杂的操作中也能保证该工作的专业性，减少不必要问题。随着信息化建设水平的提高，各个环节都会形成大量的数据信息，数据信息数量增加，各种数据规模扩大，如果依然采用人工审计方式，整体工作效率和水平将会降低，并且人工审计方式还不能对海量数据信息科学处理，工作出错率随之提高。在这种环境下，加强信息化建设是非常必要的，通过引进信息化技术，可以让审计结果更加准确，提高审计工作效率，让审计价值得到充分发挥。

（二）会计电算化因素

审计工作和会计之间存在关联性，审计工作有序进行应在各项财务数据的配合下实现，要求会计工作进行辅助，通过对各项数据信息调查分析，实现对财务活动的有效监管，保证企业经营的合理性与合法性，防范财务风险。随着大数据时代的来临，财务会计工作电算化全面落实，合同信息、明细账目、发票信息等均通过电子版进行保存和传递。在会计电算化发展下，作为财务工作基础的审计工作，需要朝着信息化方向迈进，审计信息化可以与会计电算化充分结合，发挥协同价值，提高审计工作的有效性。

（三）数据处理因素

在大数据背景下，大部分企业审计工作朝着信息化发展方向迈进，而审计信息化可以让审计工作中各项数据处理更加及时和集中，展现出自动化特点，审计工作水平和效率不断提高。在传统审计工作中，大部分工作

内容均是通过人工方式进行，在人工操作过程中展现出了局限性，同时受到人为因素影响，无法保证审计工作质量，而大数据时代背景下，通过加强审计信息化建设，可以打破时间方面的局限性，利用大数据技术进行数据挖掘、分析等，在规范操作流程下减少工作问题，保证审计结果的有效性和准确性。

（四）信息系统因素

当前是一个信息化快速发展的时代，任何行业和工作在运行发展中都会产生大量信息，换言之，信息能够给各行业运营发展提供数据参考，更好完成本职工作。随着新会计制度发布，内部审计在客观方面有着严格要求，因此信息化管理成为大数据时代背景下审计信息化建设发展的重要内容。在实际工作中，审计工作方式和手段都呈现出信息化特点，相关部门应结合时代发展要求，把现代化审计软件和技术应用其中，让财务各个数据在电子信息数据库中保存，便于企业管理者使用和查询，及时找到工作中存在的问题。通过使用审计软件，形成电子版财务报告，在节省人力的同时，也能利用审计软件自动检索功能找到报表中错误问题，降低错误率，提高审计工作时效性。除此之外，在企业现有信息化系统中，将审计功能优化处理，让内部审计信息化融入企业各项业务活动中，保证审计工作充分落实，快速完成工作目标。总之，信息化审计是大数据背景下企业改革发展的主要方向。

三、大数据时代审计信息化建设存在的问题

（一）基础环境缺失

在当前审计信息化建设中，相应的基础环境缺失，并且应用推广工作落实不到位，不利于审计信息化建设发展。部分单位领导对审计信息化建设重视程度不高，在审计信息化平台建设过程中，投资规模小，使得系统

功能比较单一。同时，审计信息化建设的前期规划不全面，人才缺失，审计信息化系统通常由程序技术工作人员进行开发建设，他们对审计内容的了解比较片面，无法按照审计人员提出的相关要求进行有效处理，开发成果在应用方面存在不确定性，容易造成资源的浪费。除此之外，审计人员对信息技术了解不全面，审计信息化意识不足，使得在审计信息化建设中基础环境缺失，审计信息系统在数据处理方面将面临各种问题，需要在专业技术团队的帮助下完成系统检修和维护工作，系统运行的稳定性无法保证。

（二）审计理念与新理念之间偏差明显

当前我国全面推行审计信息化建设，但是信息化水平较低，导致该现象出现的原因就是审计思想理念比较落后，只是对被审计单位是否存在舞弊行为进行审计调查，导致审计信息化建设过程中理念过于滞后，无法满足大数据时代的发展需求，甚至和审计信息化建设要求不符，这不利于审计信息化的持续发展，影响审计价值的发挥。在审计信息化建设过程中，思想理念逐渐转向事前分析、事中控制、动态审计、远程审计为重点，真正实现防患于未然，这种全新的审计思想与现代审计理念之间存在明显偏差。

（三）数据采集不及时

当前，一些审计信息化软件在实际应用中面临一些问题，这是由于软件应用时间短导致的，需要专业人员持续开发与改进。随着大数据时代的到来，要想顺利完成审计信息化建设工作，重点在于信息采集。然而在实际中，数据采集将出现各种问题，如数据不完善、数据随意被修改等，甚至会出现一些审计软件不能满足审计信息化建设要求的状况，可能需要临时开发一些功能，延长审计实施进度。一些审计软件不能与会计软件、营销数据系统等充分连接，这些问题给审计信息化建设与发展增添了难度。

由于审计信息化软件自身存在一些问题，导致数据采集缺乏全面性，没有重视一些重要因素，从而影响审计工作结果的合理性和准确性。

（四）审计数据分析不全面

在审计信息化数据分析过程中，要求审计工作人员对各个业务系统中的审计数据进行联动与分析，挖掘数据背后的应用价值，及时找到异常审计信息。在大数据背景下，由于数据规模较大，在某种程度上给企业审计工作中的数据分析增加了难度，审计工作人员无法及时发现审计工作中存在的潜在问题，数据分析不全面。因为审计数据模型不健全，审计人员只能通过简单函数模型或者 SQL 数据查询模型完成分析，这导致审计人员在数据分析方面过于形式化，无法挖掘数据之间的关联性，不能及时找到审计线索。审计工作人员没有接受专业培训或者战略性指导，缺乏大数据分析经验，思路不清晰，无法对审计数据进行深入调查分析，容易引发审计风险。

（五）数据保存不合理

在审计信息化建设过程中，重点环节是数据保存。在数据保存中，可能会发生重要数据信息被随意修改的情况，而导致该现象出现的原因有以下三点：

第一，人为攻击信息化系统或病毒入侵计算机系统，无法确保系统运行安全。随着信息技术的不断更新，恶意攻击系统和病毒入侵的发生率增加，给病毒防控工作开展增添了难度，容易面临审计系统运行风险。

第二，审计信息化水平仍需提高，审计工作使用的信息化系统功能不全面，系统在具体应用中可能出现各种问题，无法保证数据系统中的信息安全。

第三，单位内部人员在数据保存方面存在操作失误，没有及时备份重要信息，导致电子存储软件在出现故障后，重要信息无法恢复。

四、大数据时代审计信息化建设路径

（一）完善审计信息化基础环境

要优化审计信息化基础环境，首先需要得到管理层的高度重视，明确审计信息化建设的价值。在审计信息化建设中，应提供充足的人力、物力支持，优化审计信息化系统。同时，结合实际情况，制定可行的审计信息化建设方案，为审计信息化发展奠定坚实基础。此外，在审计信息化建设中，还应安排专业人员负责，企业应加强技术人才的引进，并对现有审计人员进行专业培训，以提高其业务水平和综合素质。通过改革创新现有的审计工作模式，使其更好地满足信息化时代的发展需求，并优化审计信息化系统的各项功能，推动审计信息化建设有序发展。

（二）及时转变审计思维方式

在大数据时代，利用大数据技术可以促进审计信息化建设。大数据技术能够优化审计信息化理念，通过精准预测和集中处理相关信息，挖掘信息应用价值，发现潜在风险。因此，应及时调整审计思维理念和工作方式，利用大数据技术优化审计思维，帮助企业更好地防控审计风险。

（三）加强数据管理

提高数据质量是确保审计工作质量的关键。在实际工作中，应加强数据管理，采取全过程控制方式，追溯数据根源，检查数据质量，减少错误数据的发生。在审计信息化建设中，应提前设定数据质量评价标准，安排专业人员负责数据追踪检查，确保数据信息的真实性和完整性。同时，确保数据安全是优化审计信息化建设的重要条件。审计部门应利用各种现代化信息技术，引导审计工作有序进行，从而提高审计工作水平和质量。在使用审计信息软件时，应加强数据安全保护，对信息系统进行安全维护，设计安全防护功能，并安排专业技术人员对系统运行过程进行追踪检查，确保审计数据安全。通过做好数据安全管理工作，优化审计数据管理平台，建立专业的安全管理体系，为不同岗位的审计人员设置平台访问权限，确保查询和使用数据时按照规范标准操作。此外，还应优化数据分析系统功能，对保存的数据信息进行深入调查和规范管理，及时发现异常数据信息，减少信息安全隐患。通过加密处理重要审计信息，并在防火墙、杀毒软件等系统配合下强化系统安全防护功能，减少审计数据被随意盗用或篡改的风险，对重要审计信息进行备份处理，避免数据丢失或损坏。

（四）加强内审数据分析与利用

通过对审计数据的调查分析，建立数据分析系统，完成审计专项调查，从多角度、多方面进行数据分析，加强各部门之间的合作交流，为单位领导制定发展决策提供数据参考。通过建立审计数据分析系统，进行大规模数据处理，提高大数据背景下的信息处理水平。结合结构化数据与非结构化数据，进行多维度分析，优化审计数据库。对现有的审计信息系统，结合主题做好数据分类工作，从业务系统中获取与审计相关的数据信息，并将其保存在审计数据库中，整合内部和外部审计信息，确保审计数据的完整性。同时，保证审计工作的独立性，包括单位的各种业务和财务数据，以促进审计分析工作的有序进行。

（五）提升审计人员素质

审计部门在优化相关制度后，应根据审计信息化建设的基本要求，对审计人员进行专业培训和教育，提高其专业水平和综合素质。通过调查审计人员的工作情况，了解其整体情况，综合考虑当前发展形势和审计信息化建设对人才的需求，制定可行的人才培养方案。定期组织审计人员接受培训，培训内容包括职业素养、专业知识和信息化系统操作等，更新审计人员的知识体系，使其学习更多专业知识和技术，更新工作理念，更好地参与审计信息化建设，提高审计信息化水平。此外，还应主动与高校合作，为审计专业学生制定合理的人才培养计划，使其在校期间学习更多与审计信息化建设相关的知识，结合审计信息化建设要求制定教学目标，加入信息技术课程，为社会培养更多的审计人才。

　　总而言之，在大数据背景下，审计信息化建设过程中会面临各种问题，特别是在信息采集、使用和保存等方面。然而，审计信息化是当前各行业改革发展的主要趋势，能够促进审计工作水平和质量的提高，节约审计成本，从根源上减少舞弊行为的发生，有利于推动各行业的健康发展。在审计信息化建设中，相关部门应加大研究力度，结合现状找到存在的问题，认真分析问题产生的原因，采取措施进行处理，提高审计信息化水平，促进审计工作的更好发展。

参考文献

[1] 朱振东，赵士娇，陈思灼. 初级财务会计（第 3 版）[M]. 北京：北京理工大学出版社，2021.

[2] 周浩，吴秋霞，祁麟. 财务管理与审计学习 [M]. 长春：吉林人民出版社，2019.

[3] 邓春贵，刘洋洋，李德祥. 财务管理与审计核算 [M]. 北京：经济日报出版社，2019.

[4] 张雪慧. 财务管理与会计英语读本 [M]. 昆明：云南大学出版社，2019.

[5] 张庆丰. 审计实务 [M]. 郑州：河南科学技术出版社，2019.

[6] 许本锋. 大数据与管理会计 [M]. 北京：经济日报出版社，2022.

[7] 何文琴，刘樱花，韩静. 审计学微课版 [M]. 北京：北京理工大学出版社，2021.

[8] 令伟锋，任昊源，孙美娇. 商业伦理与会计职业道德 [M]. 北京：北京理工大学出版社，2022.

[9] 王伟，王静，林文. 审计信息化 [M]. 北京：北京理工大学出版社，2020.

[10] 张新，季荣花. 政府与非营利组织会计 [M]. 北京：北京理工大学出版社，2021.

[11] 鲍秀芝，王进，杜磊. 财务管理与审计统计分析研究 [M]. 长春：吉林科学技术出版社，2022.

[12] 栾泽沛，刘芳菲，于瑞杰. 高校财务管理与会计理论应用 [M]. 北京：中国商务出版社，2022.

[13] 韩冰. 应用型 21 世纪会计系列规划教材会计学科专业导论（第 2 版）[M]. 沈阳：东北财经大学出版社，2022.

[14] 洪宇，李雪总. 高等学校创新性数智化应用型经济管理规划教材审计系列内部控制 [M]. 上海：立信会计出版社，2022.

[15] 刘光强. 基于"区块链＋"的管理会计数字技能 [M]. 成都：西南交通大学出版社，2022.

[16] 赵韶琴. 探讨如何应用审计结果促进企业财务管理和会计核算 [J]. 现代经济信息，2021（12）：124-125.

[17] 杨敏. 审计结果在企业财务管理与会计核算中的应用研究[J]. 投资与合作，2020（11）：57-58.

[18] 姜思加. 会计审计对企业财务管理的促进作用探究 [J]. 中国管理信息化，2023（18）：80-82.

[19] 高凤. 财务会计与管理会计融合对内部审计的赋能与要求[J]. 经济研究导刊，2021（33）：92-94.

[20] 曹诤. 论会计审计对企业财务管理的促进作用 [J]. 中国航班，2023（16）：97-100.

[21] 林辉. 基于会计审计的企业财务管理优化路径构建[J]. 中小企业管理与科技，2021（32）：73-75.

[22] 郑洪苓. 风险审计导向下的财务会计向管理会计转型 [J]. 经营者，2021（15）：180-181.

[23] 王瑞芳. 财务会计工作中审计方法的有效应用 [J]. 环球市场，2021（5）：118.

[24] 时春明. 论如何运用审计结果促进企业财务管理及会计核算工作 [J]. 理财（审计），2023（11）：27-29.

[25] 迟丽. 医院内部审计与财务会计协同管理模式探讨[J]. 经济管理文摘，2021（6）：100-101.

[26] 朱梦兰. 财务会计工作中审计方法的应用分析 [J]. 商品与质量，

2020（30）：190.

[27] 焦玉英.财务会计工作中审计方法的有效应用研究［J］.全国流通经济，2020（13）：169-170.

[28] 刘兴明.基于工程施工项目财务会计与内部审计融合应用的思考［J］.现代经济信息，2023（32）：130-132.

[29] 孙宏友，张海兵.职业院校财务管理中管理会计的应用探寻［J］.活力，2023（5）：58-60.

[30] 刘朝霞.内部审计在企业会计风险管理中的应用［J］.财会学习，2022（9）：118-120.